U0737075

安徽省社会科学创新发展研究课题成果（2021KD002）

池 州 傩 器

檀雨桐◎著

合肥工业大学出版社

图书在版编目（CIP）数据

池州傩器 / 檀雨桐著. —合肥：合肥工业大学出版社，2023.9

ISBN 978 - 7 - 5650 - 6394 - 7

Ⅰ.①池… Ⅱ.①檀… Ⅲ.①宗教仪式—研究—池州 Ⅳ.①B923

中国国家版本馆CIP数据核字（2023）第138047号

池 州 傩 器

檀雨桐 著 责任编辑 郭娟娟

出 版	合肥工业大学出版社	版 次	2023年9月第1版
地 址	合肥市屯溪路193号	印 次	2023年9月第1次印刷
邮 编	230009	开 本	710毫米×1010毫米 1/16
电 话	人文社科出版中心：0551—62903200	印 张	14.25
	营销与储运管理中心：0551—62903198	字 数	219千字
网 址	press.hfut.edu.cn	印 刷	安徽联众印刷有限公司
E-mail	hfutpress@163.com	发 行	全国新华书店

ISBN 978 - 7 - 5650 - 6394 - 7 定价：48.00元

如果有影响阅读的印装质量问题，请与出版社营销与储运管理中心联系调换。

南边的旗子，
荡里的伞，
刘锣带铳，
汪扎板。

——流传在安徽省池州市贵池区梅街镇一带关于傩事器物的歌谣

池州傩是以请神敬祖、驱邪纳福为主要目的的新年祭礼活动，约起源于唐宋时期，兴盛于明清时代，至今仍保留在池州地区部分乡村的祈年活动中。在池州傩事活动盛行的村社曾流传着"无傩不成村"之说。这些傩村社每年农历正月都要举行盛大的傩事活动，社民们戴上傩（神）面具举行傩仪，唱傩歌、跳傩舞、搬演傩戏。

序

傩器：神人之间的物质通道

2006年，"池州傩"入选国家级第一批非物质文化遗产代表性项目名录。从此之后，保护、研究、传承这个古老的文化遗产终于获得了"正式身份"。

池州地处安徽省长江南岸，明代中后期，池州与徽州地区产生了皖南第一代戏曲声腔——徽池雅调。这种带有滚调声腔的传播迅速在大江南北产生轰动效应。清朝以后，其高腔唤醒了全国数十种高腔戏的形成，而它自身则转化消融于无形。

在滚调最兴盛的明万历年间，池州府贵池县的傩戏也忽然兴盛起来。究其原因可理解为，其时，早已在池州生根的目连戏吸收了佛道音乐的高腔，形成滚调唱法。乡民将这种滚调移之于早已存在于贵池民间的傩事活动中，以世俗剧演忠孝节义故事，如传承至今的《和番记》《刘文龙赶考》《孟姜女》《章文选》《花关索》等剧。傩戏作为傩祭、傩仪活动的延伸与补充，主要于逢年过节时在宗族祠堂与村社之中演出，具有一定的神秘性和严肃性。其中部分人在农闲时节，则带着滚调声腔外出"务工"，"冲州撞府，求衣打食"，将滚调声腔带到四面八方。来自徽池地区不同县域的腔调分别称为池州调、徽州调、青阳腔、太平腔、石台腔等，而池州的滚调班社不断地改编"宋元旧篇"和弋阳等腔的剧目如《琵琶记》《破窑记》《三元记》《投笔记》等中的精彩出目，加滚调演出，红极一时。从民间祭祀活动中衍生出的戏曲，必然要借助其时某种成熟的声腔来表演，皖南的滚调自然成为傩戏顺势借用的对象。然而，因为"求利"是这些外出戏曲班社的第一追求，所以这些人已难回故乡，因为在祠堂里、祭祀中，他们在外演出的剧目难以"登堂入室"。而留在家乡的傩戏则因为其中的宗教关怀得以在家族中沿传。因此可以认为，皖南佛道音乐影响了目连戏，目连戏的滚调声腔在万历年间同时影响了故乡的傩戏和外出的徽池雅调（20世纪后统称为青阳腔），傩戏与青阳腔是明代末年产生于池州戏曲界的"孪生兄弟"。

贵池的傩文化起源于何时，难以界定，但自晚明以来，贵池的民间傩文化一直存在沿传。但20世纪60年代遭受挫折，80年代后又陆续被重新恢复，并不断地予以开掘、保护和研究，研究的成果日渐丰富。因为它是一个活态文化现象，需要研究的课题层出不穷。

贵池傩文化有三个方面的内涵，即傩祭、傩仪和傩戏。傩事活动的本质是敬神娱人，它包括人物、事件、道具、场地等具体的元素，其中属于道具的傩器的使用是其神秘性得以保证的重要物质基础。没有傩器，傩事活动则无法进行。

傩器的材料均取自于民间常见的生产、生活、娱乐等物质资料，简易质朴，一点也不神秘。但是，这些器物经过修饰与改装，一旦参与傩事活动，即被赋予无形且强大的力量。它们不再仅仅是作为物的存在，而是民间理想的寄托物，是乡民与民俗神祇之间精神交流的物质通道。没有傩器的参与，傩祭的神秘特性、朴素理想则无以托付；有了傩器的登台，乡民驱邪祈福的愿望才能在精神世界里得到认可。所以说，傩器虽是物质，但肩负理想重任。这才是傩器在民间社会中代代传承的重要推动力。

过去对池州傩文化的研究主要集中在傩事的产生、传承、恢复和保护方面，对傩器的关注虽说早已发端，但尚没有专门的研究专著问世。檀雨桐主持的"安徽省社会科学创新发展研究课题"的最终成果《池州傩器》，填补了此项研究空白。

该书系统展示了傩（神）面具、傩伞、傩仪仗器物、傩舞器物、傩事乐器、祭祀用品、傩戏场布景与砌末、傩事服饰、傩戏唱本与戏本等在一切大小傩事活动中所使用的器具，揭示了这些器具的来历、材质、造型、特点、功能和美学特征等。此书有三个明显的特色：一是系统性。此书将池州傩文化中的重要器物从傩祭器物到傩戏唱本"一网打尽"，并对这些器物做了一个系统的梳理与展示。二是专业性。专业性体现在对池州傩事活动仪式的熟稔，对每一件器物的形态与功能都有准确的认知，这是对器物进行准确分类与功能指称的重要前提。三是学术性。本书不是一般的民间傩事活动中器物的简单说明，而是从文献搜集与整理的角度，切入了学术研究的门径，为进一步研究傩器的民俗文化内涵提供了第一手的民俗资料，是对池州傩文化研究的一个着力推进，也是后续研究的先声。

　　《池州傩器》的作者檀雨桐，毕业于安徽大学戏剧戏曲学专业，是戏曲研究大家朱万曙先生的弟子，现为池州学院文学与传媒学院教师，从事戏曲文化、民间戏曲等课程的授课与研究工作。因为从小生长在皖南的戏曲之乡，她对池州傩文化有很多切身的体会与深入的理解，且有家学渊源，所以她所撰写的这本书，在资料占有、戏曲认知、专业拓展等方面均显得得心应手。她凭细腻的笔触、简洁的语言、敬畏的情怀完成了这个专题研究，释读了池州各种傩器的形象、功能与象征意义。这是池州傩文化研究领域的一份最新学术成果。

　　不过，本书还只是民间文化资料的一份在录档案，对丰富的池州傩器的文化品格和象征意义的发掘还须进一步跟进，尤其是站在更高、更广的文化视角来探讨池州傩器的内生寓意，将会是此项工作的后续精进之任。

纪永贵

2023 年 5 月 5 日

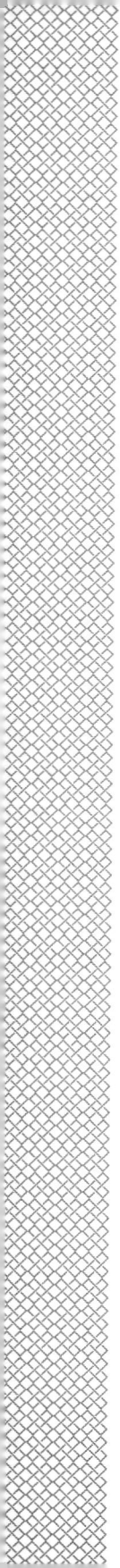

目 录

第一篇

池州傩

安徽省池州市位于长江之滨，地处安徽省西南部。夏商周时期，这里属于古代"九州"中的扬州域，春秋战国时是吴楚交界之地，秦时为鄣郡所辖，汉代为丹阳郡所辖，隋朝为宣城郡所辖。据20世纪90年代由池州地区地方志编纂委员会编纂的《池州地区志》记载："池州作为州府建制，始于唐高祖武德四年（621），州治在石城（今池州市殷汇镇石城村），迄今已有1373年历史。嗣后，宋置池州池阳郡，元为池州路，明为九华府、池州府，清沿明制设池州府。"

池州文化底蕴丰厚，自古便是吴越文化、荆楚文化和中原文化交汇之地。从尧帝渡溪的尧渡、舜帝躬耕历山的传说，到秦始皇南巡盘桓石城、元文宗驻跸石门的轶闻，再到康熙、乾隆御书等等，在这里都能够找到记载。另外，池州秀美的湖光山色吸引了难以计数的诗人雅士，陶渊明、萧统、李白、杜牧、朱熹、汤显祖等历代名人都曾来到池州，并且留下了丰富的诗作、文章。池州的文化特色还在于它的地域性与民俗性，这里不仅保存了传统的花灯、目连戏、文词戏、大鼓书等民间艺术，也是"徽池雅调"青阳腔的发源地，还是"戏曲活化石"——池州傩戏的发祥地。

傩，中华民族一种古老而神秘的原始祭祀礼仪活动，距今至少已有三千多年的发展历史。殷商时期甲骨文中的傩写作"寇"，正字为"魌"，都与"鬼"有关。东汉经学家、文字学家许慎在《说文解字》中对傩的解释为："见鬼惊词，从鬼，难省声。"清代文字学家朱骏声在《说文通训定声》中亦提道："此驱逐疫鬼正字。击鼓大呼，似见鬼而逐之。"

关于傩最初的形态，在西周礼制著作《周礼·方相氏》中曾载："方相氏掌蒙熊皮，黄金四目，玄衣朱裳，执戈扬盾，帅百隶而时傩，以索室驱疫。"在战国杂家著作《吕氏春秋·季冬纪》中高诱曾注："大傩，逐尽阴气为阳导也……"在西汉哲学著作《淮南子·时则训》中许慎曾注："傩，敬宫室中区隅幽暗之处，击鼓大呼，以逐不祥之气。"可见，傩起源于一种古老的驱鬼除疫的原始巫术仪式。

池州傩源于民间信仰和社祭传统，是中国傩文化的重要组成部分，主要流传地域为池州市贵池区东南部、九华山西麓一带的梅街、棠溪、梅村等乡镇的姚、刘、章、唐、姜、杜、汪等数十个姓氏家族聚居的村落。像池州傩这样源于社祭、祖祭的民俗活动是池州地区普遍存在的民间祭祀风俗，如2017年被列入安徽省第五批省级非物质文化遗产（民俗类）项目名录的"茅坦杜祭茅镰"，即是池州市贵池区墩上街道茅坦村杜氏家族为了纪念宗族先人来到茅坦"挥镰开荒"、艰苦奋斗、繁衍生息的历史，而在每年农历腊月二十四酉时在宗祠内进行的祭祖活动。

池州傩的源头究竟在何处，现在是否还能追溯到她初始的形态呢？目前，已知最早的史料记载是清代学者郎遂所编撰的《杏花村志》，其中记载了唐代池州民间乡人祭祀昭明太子的情形，显示池州傩事活动与昭明崇拜有着密切的联系。"是日诸家扮会迎神者，所扮为关壮缪，为城隍，为七圣二郎，为玄坛。其扮也则各骑乘，奉面具……步梁昭明辇于西门外杏花村之马站坡，而骑乘还，游于通市或郡县之公堂，薄暮而毕。"另外，在明嘉靖二十四年（1545）编纂的《池州府志》中也有记载："凡乡落自（正月）十三至十六夜，同社者轮迎社神于家，或踹竹马，或肖狮像，或滚球灯，妆神像，扮杂戏，震以锣鼓，和以喧号。群饮毕，返社神于庙……"这段描述与现存池州傩事活动的基本形态大体相同。

王兆乾先生对池州傩舞《舞回回》进行了考证研究，他认为"这种舞蹈在晋代已传入中国，称'老胡文康'，唐代称'醉胡腾''醉胡子'……"这种舞蹈，曾一度被认为已经失传，可是在池州傩的傩舞中却奇迹般地被保存了下来。那么，依据前人的记载和考证可知，虽然关于池州傩起源的具体时间点已很难确定，但至少可以明确的是，在唐代，池州的傩事活动就已经出现，并且逐渐呈现出规模化和规律性，且由此形成了一定的气候。

池州傩事活动的基本活动单位——社，是依附于亲子和血缘关系的同姓氏族集体。例如，池州市贵池区梅街镇由当地刘、姚、汪、戴等姓氏宗族组成了九个傩戏社，如姚村社（山里、山外姚为主）、永兴社（荡里姚）、福田社（西华姚）、义兴社（宋村）等等。

随着行政区划的调整和变迁，以及人口迁徙、自然灾害等社会和自然因素的影响，大部分傩村社已经不复存在，现存傩村社主要有：山里姚、山外姚、荡里姚、毛坦姚、殷村姚、楼华姚、庄村姚、高隆王、源溪王、阳春王、杨冲王、松树唐、老屋唐、新屋唐、西冲谢、星田谢、茶溪汪、双龙汪、河边孙、东冲孙、南山刘、枫岭刘、岸门刘、立山畈、杨家畈、太和章、徐村柯、邱村柯、缟溪金、缟溪曹、长珑桂、东山吴、东山韩、星田潘、水宕胡、西湾舒、老屋、前山、汤村、观音阁等。虽然傩村社之名传承至今，但一些傩村社的傩事活动已渐趋简化，例如殷村姚、茶溪汪等傩村社已不再定期、独立举行完整的傩事活动，而是与其他傩村社轮流举行；又如缟溪曹、星田谢等傩村社，只进行傩仪或傩舞而不再搬演傩戏。

一、池州傩事

　　在过去，池州傩事每年例行"春祭"和"秋祭"两次：春祭一般在农历正月初七[①]至正月十五举行；秋祭在中秋，即农历八月十五举行。如今，池州各傩村社已不再进行秋祭，仅有春祭。

　　池州傩事的内容主要分为傩仪、傩舞和傩戏三个部分，按相对固定的程序进行：傩仪（请神）—傩舞—傩戏—傩仪（送神）。傩事活动过程中，傩仪、傩舞和傩戏并不完全独立，而是时有融合。例如，"请神"仪式和傩戏中均有舞蹈，"送神"仪式中也穿插了戏的表演。所以，池州傩的程序与步骤本质上是祭祀的程式，而在形式上表现为祭祀性仪式、舞蹈和戏剧的协调配合。

　　池州傩事活动以"请神"仪式为开端，仪式于正月初七子时举行，先由各傩村社的傩仪执事将保管在宗祠阁楼中的傩（神）面具取出，称为"迎神下架"。之后，便正式开始请神[②]的仪式，一般由傩村社的年首或会首将傩（神）面具捧在手上前往社坛迎接傩神降临，或者执傩神伞前往社坛接神。

　　"请神"仪式完成后即可正式开启为期九天的傩事活动。一般，在白天举行傩仪（祭祀仪式），例如"起圣"[③]：将傩（神）面具置于龙亭之中，由傩村社里的青壮年男子抬行至本村社的各家各户，走遍所有社民家后，龙亭被抬回本村社的宗祠；再将龙亭中的傩（神）面具取出，按次序

---

① 在池州当地称作"上七"，"上七"在中国古代传说中为"人日"，亦称"人庆节"。

② 有的傩村社是请阳神，如南山刘；有的傩村社是请嚎啕神，如西华姚。

③ 根据李智信在《上古方祭、女娲传说与社火划旱船》一文中提出的观点，池州傩的"起圣"仪式以及"高跷马"傩舞或许与中华民族远古方祭中的"踩高跷""抬阁子"等神像巡游活动有关。

摆放在宗祠中铺有龙被的龙床之上，点上香烛，奉好祭品，本村社的社民即可向傩（神）面具叩拜祈祷。

白天的傩仪过程中一般会穿插傩舞[1]，这些表演傩舞的社民只负责舞蹈，另有年首或会首在旁唱"喊段"词，其余社民与锣鼓队以"帮腔"的形式和声。傩舞形式繁多，舞姿活泼明快，配合锣鼓节奏，展现出古朴自然之美，蕴含了独特的民间习俗和地域文化传统，例如，傩舞《花关索大战鲍三娘》的舞蹈中就融入了传统民间技艺——高跷。池州傩现存傩舞主要有：《舞伞钱》《舞古老钱》《舞滚灯》《关公斩妖》《钟馗捉小鬼》《国泰民安》《打赤鸟》《魁星点斗》《舞财神》等。

太阳下山后开始演出傩戏（正戏），过去傩戏的表演一旦开始便不会停歇，持续整夜，通宵达旦，自当日黄昏至次日天明，俗称"两头红"。作为敬祖的"仪式戏"，不论现场是否有社民观看，傩戏总是自顾自一出接着一出演下去。并且，各傩村社的傩戏均以傩事活动最后一日——正月十五的戏场最为隆重，要将本社的所有戏本悉数演完，取"团圆、完满"之意。如今，池州傩戏的传承人数量日渐减少，傩事活动的时间和规模也逐步缩短与简化，彻夜演傩戏的情景更是鲜少得见。

傩戏在傩事活动期间每晚按时进行，持续数日，直至正月十五傩事活动的结束。每日傩戏（正戏）结束之后，便是另一轮傩歌舞和仪式，例如：《问土地》《关帝登殿》《新年斋》等。

正月十五日的傩戏（正戏）结束后是傩事活动的最后一项仪式——"送神"。有些傩村社的送神仪式先是在鞭炮和锣鼓声中唱诵《送神诗》[2]，然后将傩（神）面具擦拭洁净后放回日月箱中，恭送至宗祠安放。还有一些傩村社是在傩戏（正戏）演完之后立即送神，即当傩戏（正戏）结束之时，祠堂外鸣炮，社民将傩（神）面具由脸上摘下，跳下戏台，奔至宗祠外将傩（神）面具放置在地上，跪地祷告，然后在傩（神）伞和火把、灯笼的指引下，一行人捧着傩（神）面具，快步回到社坛，将傩（神）伞烧毁，并扑灭火把，绕道返回宗祠，在此期间所有社民都须噤

---

[1] 源于原始巫舞——"大傩"。

[2] 《送神诗》如：一年兴一年，买马置庄田。合门齐发迹，富是子绵绵。

声。各个傩村社送神的地点也有不同，大部分在社坛，也有些在水井边、田埂边或庙宇中等等，主要依据各个傩村社过去传承下来的规矩不同而定，例如，池州市贵池区梅街镇傩事活动的一大特色，便是在最后一天傩戏结束之前，即每年农历正月十五的上午，各傩村社将本社的傩（神）面具抬至位于刘街的青山庙进行朝拜，被称为"青山庙会"。这项活动由明代开始，一直延续到现在，成为梅街镇各傩村社一年一度的盛大傩事聚会。

二、池州傩戏

　　傩戏，是民间文学、戏剧与傩俗充分结合的产物。池州傩戏受中国传统戏曲的影响较大，唱腔丰富，有完整的故事情节和脚色行当，已脱离了民间小戏的范畴，是相当成熟的民间戏剧样式。池州傩戏表演风格古朴粗犷，现存剧目主要有：以《和番记》《刘文龙》为代表的"刘家戏"，以《孟姜女》为代表的"范家戏"，以《章文显》^①《陈州放粮》为代表的"包家戏"，另外还有《摇钱记》《姜太公钓鱼》《郭子仪上手》《花关索》《包公犁田》《黄太尉》《牡丹记》《王东辉进京》和《薛仁贵平辽记》等。

　　《孟姜女》是颇具代表性和普遍性的剧目，其内容和情节源于"杞梁妻哭夫"的故事，体现了民间歌哭的惊人力量，也表达了人们在节日里祈求国泰民安的朴素愿望。《陈州放粮》也是常演的剧目之一，这出戏与明成化年间（1465—1487）刊本《说唱词话》中《包龙图陈州粜米记》的唱词、念白高度相似，表演时社民佩戴傩（神）面具进行表演，没有唱念，只做科介，另有年首或会首坐在靠近后台的地方，执戏本或唱或白，颇具宋代"肉傀儡"戏的基本面貌和风格特征。

　　池州傩戏的题材与内容多以中国古代神话传说和池州地区流传的民间故事为主，保留了"口传心授"的传承方式，不少剧目没有完备的剧本，所以相同剧目的曲词、念白乃至剧情在各傩村社传播、流布的过程中会出现一定的出入。但各傩村社的傩戏均是按祖辈约定的俗套进行，在程序上大致相同。例如搬演傩戏时，场边一般都有一两位老先生坐场，手捧剧本或手抄戏本"喊段""提词"和"帮腔"，负责引戏上场和场间调度。

　　池州傩戏无论使用何种唱腔都保留了金鼓击节和人声帮腔的特点，常

---

　　① 也作《章文选》。

见声腔有傩腔和高腔。池州傩傩腔的乐调风格主要来自不同时期流传在池州地区的山歌、采茶调、船歌、莲花落等民间小调，各傩村社所用的曲调均不相同；唱词以"七言"和"三三七"句式为主，类似明清说唱的齐言体；演唱时无丝竹伴奏，全凭社民演员用乡音土语以本嗓演唱。池州傩高腔的艺术形式与风格同池州青阳腔关联密切，纪永贵先生在《青阳腔研究》中提出："从戏曲声腔发展史角度认为，贵池傩戏与青阳腔是同期产生的'孪生'兄弟……很难说傩戏是青阳腔的源头，但却可以肯定，它与青阳腔同宗同源，或者也有可能是青阳腔成熟之后回传的结果。"池州傩高腔的唱词为曲牌体长短句，夹以五、七言韵文或俗语短句，演唱时有锣鼓伴奏、人声帮腔和滚唱，唱法上是本嗓与小嗓相结合。

另外，池州傩戏的乐曲风格受到当地民歌小调——罗城民歌的深刻影响，所谓"村歌、社舞，蒙俱诨同方相似"。罗城民歌天然清丽的曲调特色、"一领众和"的演唱形式和齐言对句的歌词结构都可在傩戏音乐中窥见其身影。

三、池州傩器及其种类

傩器，即供傩事活动使用的器物。在池州傩事活动中，无论是傩仪、傩舞还是傩戏，都离不开各种傩事器物。傩事器物是傩事活动的用具、道具，也是进行傩事时人神沟通的物质载体，更是池州傩文化的物象表达。每一件池州傩事活动器物在当地都被认为是有神性和灵性的，如傩（神）面具，傩村社里世代流传着"戴上面具便是神，摘下面具就是人"的说法。池州傩事器物是池州傩事活动的重要标记与符号，充分表现了池州傩深厚的民俗传统与地域文化内涵。

因傩事活动中傩仪、傩舞和傩戏总是交替、配合着进行，故而池州傩事器物的类别大致可分为专用器物和通用器物两大类。专用器物是指专用于某一傩事环节的器物，如灯笼（龙）伞、踩地马、祭品等。大部分池州傩事器物属于通用器物，即在傩仪、傩舞和傩戏的各个环节均可使用，亦常常相互借用的器物，如傩（神）面具、傩（神）伞、服饰、烟花爆竹、乐器等。

休傩期，为了保持傩器的神秘性和功能性，大多将其隐秘地保管在各傩村社的宗祠内，由专人看管、整理、维护，不轻易示人。

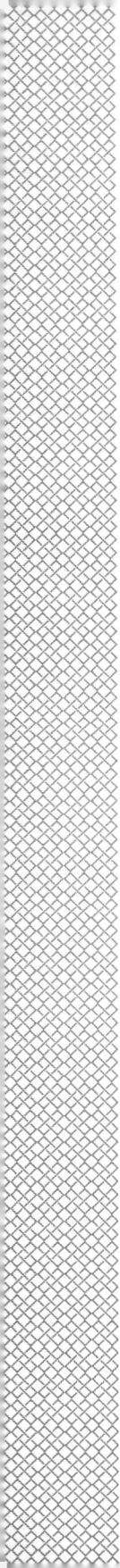

第二篇

儺（神）面具

池州傩事活动始终围绕着傩（神）面具进行，傩（神）面具作为傩事活动中最核心的器物，是池州傩的灵魂，它们不仅承担了重要的傩事功能，更是池州傩文化的典型标识。如果一个傩村社或宗族失去了世代传承的傩（神）面具，那么这里的傩事活动就再也无法进行下去了。

按照旧时传统，一个傩村社或宗族仅置办一套①傩（神）面具，每堂（套）面具的数目多少不一，最少十三尊，最多达到四十八尊，主要根据傩村社的宗族传统、习俗信仰和演出需要来确定。这些固定数目的傩（神）面具往往拥有特别的称呼，如"十三太保""十八学士""三十六天罡"等等，这种命名方式充分体现了民间文化多元融合的特点。

十三太保，是清代长篇章回体英雄传奇小说《说唐演义全传》中的人物，分别是：罗方、薛亮、李万、李祥、高明、高亮、苏成、苏凤、黄昆、曹林、丁良、马展、秦琼。这十三人皆是靠山王杨林之义子，个个都是武艺高强的英雄人物②。

十八学士。唐武德四年（621），还是秦王的李世民为文学馆聘了十八位贤才：杜如晦、房玄龄、虞世南、褚亮、姚思廉、李玄道、蔡允恭、薛元敬、颜相时、苏勖、于志宁、苏世长、薛收、李守素、陆德明、孔颖达、盖文达、许敬宗，时称"十八学士"，又命当时的著名画师阎立本为他们画像，传为民间佳话。后有宋朝词人郑獬作《题阎立本十八学士图》诗云：

> 阎公《十八学士图》，当时妙笔分镏铢。
> 惜哉名姓不题别，但可以意推形模。
> 十二匹马一匹驴，五士无马应直庐。
> 五鞍施狨乃禁从，长孙房杜王魏徒③。
> 一人醉起小史扶，一人欠伸若挽弧。
> 一人观鹅凭栏立，一人运笔无乃虞。
> 树下乐工鸣瑟筝，八士环列按四隅。
> 笑谈散漫若饮彻，盘盂杯勺一物无。

---

① 当地称为"一堂"。

② 另一说为唐朝末年节度使李克用的十三位儿子和义子。

③ 长孙指长孙无忌，魏指魏征。

坐中题笔清而癯，似是率更闲论书。

其中一著道士服，又一道士倚枯槎。

三人傍树各相语，一人系带行徐徐。

后有一人丰而胡，独吟芭蕉立踟蹰。

一时登瀛客若是，贞观治效真不诬。

书林我曾昔曳裾，三局腕脱几百儒。

雄文大笔亦何有，餐钱但日麋公厨。

邦家治乱一无补，正论出口遭非辜。

时危玉石一焚扫，览画思古为嗟吁。

三十六天罡，源于中华民族古老的星辰崇拜，在古代神话传说、民间故事、文学作品和民间信仰中都有所体现。这三十六座星辰分别是：天魁星、天罡星、天机星、天闲星、天勇星、天雄星、天猛星、天威星、天英星、天贵星、天富星、天满星、天孤星、天伤星、天立星、天捷星、天暗星、天佑星、天空星、天速星、天异星、天杀星、天微星、天究星、天退星、天寿星、天剑星、天平星、天罪星、天损星、天败星、天牢星、天慧星、天暴星、天哭星、天巧星。

傩（神）面具常被当地社民称作"脸子""菩萨"，通俗地表明了傩（神）面具在池州傩事活动中的功能定位和文化内涵：它不仅是傩戏表演时角色的化装道具，而且是傩舞与傩仪中的"神偶"象征，是傩神和神祇的依附载体。

在池州傩戏演出中傩（神）面具替代了传统戏曲的脸谱与化妆，成为傩戏演员面部的主要妆饰，亦是戏中人物的直接标识。与此同时，傩（神）面具也使佩戴面具的社民的人格"神化"，赋予他们"神性"身份，这个将假扮与真实联系起来的过程，是以傩（神）面具夸张写意的艺术手法营造超脱现实境界的祭祀氛围，亦是以寻求坚定的信念力量实现消除现实苦难的朴素精神追求。

休傩期，傩（神）面具被封锁保管在各傩村社的宗祠中，除各傩村社专任的保管人外其他人不能与其接触，以维持其"神"性。每年傩事活动举行前在"请神"仪式时方能取出使用，傩事活动结束后被立即送回宗祠，由保管人进行清洁、封存，年年如是。

一、傩（神）面具的制作与佩戴

池州傩（神）面具为木制面具，由白杨木或柳木（枫杨木）雕刻而成，宽20～30厘米、长30～40厘米[①]，稍大于人脸。在造型上呈外凸内凹的形状，眼珠、眼角和口鼻处镂空，唇齿形态自然，头部有装饰，常见为冠帽或发髻。在装饰上以土漆、桐油或油漆绘制颜色和图案，风格或大胆夸张，尽显狰狞之态；或自然生动，笑意盈盈，充分体现了面具的形象功能和美学特色。

目前，明清时期雕刻的古面具多数已损毁或遗失，传承下来的仅存27尊，现由池州市文化部门保管。如今池州各傩村社傩事活动所使用的面具，大部分是20世纪80年代后期至90年代初期，由九华山脚下雕刻塑像的艺人或工厂所制，所以池州傩（神）面具在形象上普遍具有塑像的风骨。另外，也有少量傩（神）面具是由各傩村社掌握雕刻技艺的老艺人（木匠、篾匠）根据回忆或遗存图谱，按照古面具的形态特征雕刻仿制而成，颇具古拙之象。

伐 木

木头具有质量轻、质地柔软且坚韧、坚固耐用、易于造型与保存等优点，自古就是非常适合制作面具的材料之一。20世纪初，新疆天山附近的库车曾出土过一枚木制的古代面具[②]，出土时已严重残损，只剩下左半部分的额头、脸颊、眼、耳及耳饰，但仍然可以清晰地分辨出面具造型为深目、大耳、高额的典型西域"胡人"形象。

安徽池州位于长江南岸，气候温和湿润，阳光丰沛、降水充足，适宜

---

① 各傩村社面具大小略有差别。

② 顾朴光. 中国面具史［M］. 贵阳：贵州民族出版社，2002：213.

落叶乔木生长，四通八达的水系使河道边长满了成荫的杨柳、水柳等。池州傩戏所选用的木料便是这种江南最常见的柳属植物，以凤杨木、白杨木和柳木为主。

杨木和柳木纤维结构疏松，质地细软，性质稳定，是江南制作木制品常用的木材，常作为家具的附料和小件工艺品的原料。杨木、柳木比较轻软，用其制作成的面具轻便，易于佩戴。

种植在傩村社周围的杨木和柳木大多已有数十年至百年的历史，粗壮的枝干、丰茂的枝叶都给傩（神）面具的制作提供了就地可取的充足原材料。通常，社民会在树林中仔细观察，选取直径超过人脸宽度（约25厘米）的树木来制作傩（神）面具。池州傩村社中的古树，如图2-1所示。

图2-1 池州傩村社中的古树

伐木之前，社民们请来"先生"择定吉日，并由年首或会首在树前举行伐木仪式：进香、烧纸、鸣放鞭炮，并领着社民或族众作揖叩拜，以祈祷傩（神）面具制作的过程一切顺利，并感谢大自然的慷慨馈赠。树倒下的时候，需要立即将地上的土覆盖在剩下的树根部位，意为保护树的根系。再将整根树干锯成略超过标准人脸长度的木段，由中间劈成两半，作为两尊面具的用料。由于制作傩（神）面具一般需要砍下整棵树木，所以工匠对木料极为珍惜，在条件允许的状况下，一堂傩（神）面具仅由一棵木料制成。

雕　刻

工匠将剖为两半的木段四周磨成平整光滑的、类似人脸形状的椭圆形，用社民自制的铁挖勺将其从内部挖空，构成外凸内凹的形状，并以铲子和铁凿雕出面具的大致形态和轮廓，如帽冠、发髻、耳朵等；再用木雕笔和小号刻笔雕刻出面部的具体细节，如眼、眉骨、颧骨、皱纹、唇齿等；然后用铁锥在男性人物面颊与下巴处戳出小孔，以便在后期装饰时固定胡须。如此，傩（神）面具的粗胚就大致完成了。

池州傩（神）面具所雕刻出的人物脸型，大多大方端正、疏朗开阔，类似于如今的"国字脸"。这是为了表现傩（神）面具所象征的神祇气质和正气感，只有少数凶相型的傩（神）面具在脸型设计上进行变形，或以夸张的图案或特殊的颜色来强调形象特征。

池州傩（神）面具在五官的制作中充分运用了传统镂空雕刻技艺。傩（神）面具的眼睛部分，或是眼白镂空，或是瞳孔处镂空，便于演员佩戴面具时观察舞台情况，以及适当表现人物眼神的情态，使得傩神的神情更加灵动逼真；面具鼻孔处也为镂空，以保证演员佩戴面具时呼吸顺畅；耳孔也设计成镂空的状态，用于穿过佩戴时用来固定面具的布条或细绳。

另外，池州傩（神）面具唇齿部分的雕刻也是其造型特色之一，面具的双唇普遍微微张开，嘴角略微上翘，呈微笑且欲语还休状。傩（神）面具中男性的牙齿[①]部分被保留，颗颗形态毕露；而女性人物却不雕刻牙齿，均为双唇微抿，呈现出中国传统文化中女子"笑不露齿"的仪容特征。

---

① 尤其是上齿部分。

蒸　胚

雕刻打磨好的面具粗胚在进行上色之前要进行一道重要的工序——蒸胚，这有利于傩（神）面具在江南湿润的气候中长期保存。其工序是将木胚放入大锅中，以沸水隔水蒸煮，使之定型。木料充分吸收水蒸气后，变得湿润坚韧，并且不易开裂或变形。

蒸透的傩（神）面具粗胚，放置在阴凉干燥且通风的地方阴干6个月以上，使木料中的水分干透，同时木头中的纤维也在这个过程中变得更加紧实，木质亦收缩成最佳的状态。

为了防止昆虫或蛇、鼠等动物啃食面具，还要用柔软的棉布擦拭面具表面，再用檀香等香料对傩（神）面具进行熏制，这样不仅防虫害，还能够使傩（神）面具散发出独特的清香。

上　色

傩（神）面具素胚充分晾干后，用砂纸对其表面进行磨光，为接下来的上色做准备。传统做法中池州傩（神）面具所涂的色彩，使用的是村民自制的土漆，其一般是用天然的植物或矿物色素制成，具体制作工艺如下：

首先，处理树脂。树脂是植物组织的代谢产物或分泌物，常和挥发油并存于植物的分泌细胞中，通常为无定型固体，加热后会软化，最后熔融，将其收集到容器内进行炸制。

其次，往熔融的树脂内勾兑桐油。这是一种优良的带干性植物油，具有干燥快、光泽度好、附着力强、耐热、耐酸、耐碱、防腐、防锈等特性，用途十分广泛，是制造传统油漆、油墨的主要原料。

最后，再加入老土等富含矿物质的材料，从而制成颜色各异的土漆。

这种土漆绘制在木制的傩（神）面具上，颜色饱满生动，气味清新自然，色彩持久鲜亮。

池州傩（神）面具的面部色彩十分丰富。大部分人像型面具的用色具有共性：以类似人类皮肤颜色的肤色为肌底色，眉毛、发髻和瞳仁处为黑色，嘴唇、双颊、花钿等处为红色，装饰物各具色彩。而凶相型面具和神像型面具的用色则更为夸张大胆，例如左、右丞相为金色面容，关公的红脸，以及包拯、招魂使者的黑脸等。

另外，在上色的环节还需要完成傩（神）面具面部装饰图案的绘画，例如面部头发、胡须、皱纹、痣、腮红等等，和尚面具头顶的戒疤也需要用黑色漆料点就。

为傩（神）面具上色后，再以透明的桐油为其刷上一层保护层，称为"定色"，这样不仅能够维持内层的颜色长久如新，而且使得傩（神）面具的表面散发自然光泽。

装饰与佩戴

傩（神）面具经过雕刻、蒸胚、上色等工序，待风干后便可算作基本成型了，接下来还需一些修饰，其中最具代表性的是胡须。传统傩（神）面具的胡须是固定在傩（神）面具上事先钻出的小孔上的，称作"穿须"；或是固定在面部，或是固定在耳孔上。如今，有的傩村社也会借用戏曲舞台上的髯口等道具，在表演中配合傩（神）面具使用。

另外，在傩舞《舞伞》中，由于伞童面具需突出童子天真活泼的个性特征，只绘有三缕头发，比较简单，于是演员在佩戴面具时便将黑色布条拧成两朵发髻状，戴于头顶，以增加面具的视觉效果。这种随意的、即兴的装饰创造，在民间艺术中比较常见，能够为整体形象的塑造与装扮增色不少。

制作完成的傩（神）面具由各傩村社派专人保管，不用时封存起来，仅于每年农历六月六伏天取出，借着江南难得的高温干燥天气，完成透气、除湿等保养工作。如果傩（神）面具由于保存不当或频繁使用出现颜色脱落的情况，则由村里精通绘画的手艺人以油漆对其进行补彩。若是磨损严重，或者遭到损坏，则需重新制作。废弃的旧面具不能随意处置或丢弃，要么永久封存于傩村社宗祠，要么埋回土中，要么择选吉日焚毁。

佩戴傩（神）面具时，先以各色头巾束裹住头部，再用布条或细绳穿过面具耳朵上预留的小孔，系在耳朵上方，并且用布或者软纸将面具与脸的空隙部分塞住，进一步固定面具，防止面具在使用过程中意外滑落，同时也可以有效保护头脸部的皮肤。

将傩（神）面具完全覆盖面部的佩戴方式，称为"全脸子"，这种方法能够较好地展现面具和服装、道具的视觉完整性，审美效果好，但对于声音的传播有所阻挡。而只将傩（神）面具固定在额处，露出下半边脸的佩戴方式称为"半脸子"（图2-3），这种方式虽然有碍于形象的完整性，但有利于视物和发声，提高了声音传播的清晰度，扩大了声音的传播范围，在锣鼓喧天、鞭炮齐鸣的傩事活动过程中，可以让观演的社民更清楚地听到唱词和念白。

图2-3 全脸子（左）与半脸子（右）面具佩戴

二、傩（神）面具的类型

按照傩（神）面具面部形态特征，可将其分为神像型、凶相型和人像型三类：

神像型

在池州傩（神）面具中以"神祇"形象出现的主要有：

天帝：笑颜，头戴红色冠帽，以苎麻丝为须，双耳肥大且垂至脸颊下方，温文典雅，神态娴静（图2-4）。

关帝：红整脸，戴冠，有胡须，丹凤眼，卧蚕眉，眉眼间有纹饰，与南派京剧关公的脸谱有类似之处，隐隐透出愁态（图2-5）。

土地[①]：白面，笑颜，金眉，白长胡须，戴冠，双耳肥大且垂至脸颊下方，和善可亲（图2-6）。

图2-4　天（皇）帝面具　　图2-5　关帝（公）面具　　图2-6　土地面具

---

① 傩仪《问土地》中的土地公。

图2-7　二郎神面具

● 二郎神[1]：金面，三眼，戴冠，无胡须，双耳肥大且垂至脸颊下方（图2-7）。

凶相型

这类傩（神）面具的造型设计较神像型和人像型面具更夸张，通常会在面具的设计中加入猛兽或"凶相"的元素，例如：

招魂使者[2]：面具造型结合了凶神的形象特征，黑脸，头戴红边盔，血盆大口，双眼圆睁，似有威慑人的力量（图2-8）。

张龙[3]：黑面獠牙，红眉，红色兽耳和兽角，面缀红色斑点，面目狰狞（图2-9）。

藩王[4]：红面，头上有角，眉毛倒竖，红色胡须，双耳肥大且垂至脸颊下方（图2-10）。

图2-8　招魂使者面具

图2-9　张龙面具

图2-10　番王面具

人像型

人像型傩（神）面具又大致分为男性、女性、僧侣。

---

① 傩舞《二郎舞滚灯》中的二郎神。
② 傩戏《章文显》中的招魂。
③ 傩戏《章文显》《陈州放粮》中的张龙。
④ 傩戏《和番记》中的藩王。

男性

这类傩（神）面具主要突出写实性，是对人类面部特征的精细描摹，其中部分面具模仿了戏曲脸谱的勾画样式：

皇帝[①]：与天帝面具共用。

包文正[②]：黑整脸，额头有月牙印记，脑门用胭脂揉红，戴黑色官帽，无胡须，双耳肥大且垂至脸颊下方，端正严肃（图2-11）。

左丞相、右丞相：面部覆以金箔，戴官帽，面带微笑，有胡须，双耳肥大且垂至脸颊下方（图2-12）。

刘文龙[③]：赶考前戴皂色小方巾，无胡须（图2-13）；赶考时戴冠，有少量胡须（图2-14）。

范杞良[④]：面部圆润，细眉，微笑，戴冠，无胡须，双耳肥大且垂至脸颊下方（图2-15）。

图2-11　包拯（文正）面具　　　图2-12　左丞相、右丞相面具　　　图2-13　刘文龙（赶考前）面具

图2-14　刘文龙（赶考时）面具　　　图2-15　范杞良面具

① 傩戏《刘文龙》中的汉灵帝、《章文显》中的宋仁宗。
② 傩戏《陈州放粮》《章文显》中的包拯。
③ 傩戏《刘文龙》《和番记》中的刘文龙。
④ 傩戏《孟姜女》中的范杞良。

宋中①：笑颜，戴皂色小圆帽，无胡须，双耳肥大（图2-16）。

渔翁②：面部偏棕褐色，眼窝处两块白色，戴冠，有胡须（图2-17）。

乡官：红脸，细眉，戴官帽，有少量胡须（图2-18）。

伞童③：孩童模样，无冠，头部有三块用黑漆画成的荷花形的黑发，眉目清秀，鼻梁高直，牙齿整齐洁白（图2-19）。

周仓④：面部棕褐色，有头饰，黑色长胡须（图2-20）。

薛霸⑤：微笑，细眉，八字胡须，戴黑色小方巾，双耳肥大且垂至脸颊下方（图2-21）。

图2-16　宋中面具

图2-17　渔翁面具

图2-18　乡官面具

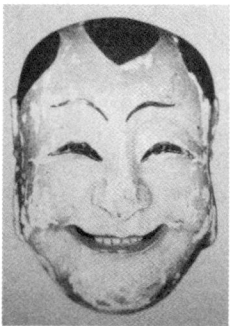

图2-19　伞童面具

图2-20　周仓面具

图2-21　薛霸面具

---

① 傩戏《刘文龙》中的宋中。

② 傩戏《孟姜女》中的渔翁、《刘文龙》中的考官。

③ 傩舞《舞伞》中的伞童。

④ 傩舞《圣（关）帝登殿》《关公斩妖》中的周仓。

⑤ 傩戏《章文显》中的包拯下属。

女性

孟姜女①：笑颜，细眉，单发髻，有耳饰，双耳肥大且垂至脸颊下方（图2-22）。

张妃②：双发髻，瓜子脸，柳叶眉，丹凤眼，金色耳坠，嘴唇略涂淡红色，双耳肥大且垂至脸颊下方，美丽端庄（图2-23）。

萧氏女③：笑颜，细眉，凤眼，面有花钿，金属簪花，有耳饰，双耳肥大且垂至脸颊下方（图2-24）。

吉婆④：笑颜，细眉，简单发髻，有耳饰（图2-25）。

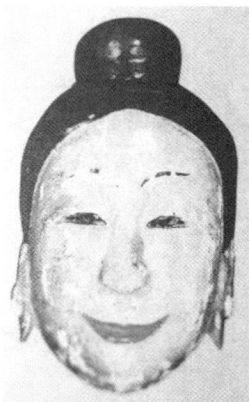

图2-22　孟姜女面具

图2-23　张妃面具

图2-24　萧氏女面具

图2-25　吉婆面具

---

① 傩戏《孟姜女》中的孟姜女。
② 傩戏《陈州放粮》中的张妃。
③ 傩戏《刘文龙》中的萧氏女。
④ 傩戏《刘文龙》中的吉婆（媒婆）。

僧侣

在池州傩仪《新年斋》和傩舞《和尚采花》中出现了僧侣形象，这在其他的傩事活动中并不多见。池州傩事活动中出现的僧侣形象，或许与此处毗邻佛教圣地九华山有关，也或许与长久以来盛行在皖南地区的民间目连戏有关。池州傩戏中的和尚面具，头顶有受戒的疤痕，笑逐颜开、一团和气，双耳肥大且垂至脸颊下方，颇具佛像的神态特征（图2-26、图2-27）。

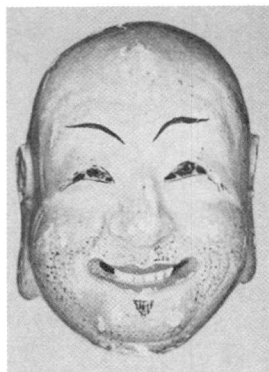

图2-26　老和尚面具

除此以外，还可按照傩（神）面具的使用，将傩（神）面具分为专用和通用两类。专用面具，即为傩仪、傩舞或傩戏中某一人物角色特意制作，为专属面具，例如关帝、二郎神、孟姜女等。通用面具指使用时只区分年龄、性别等类型化特征，不区分具体角色的面具，通常由几个人物角色共用一尊傩（神）面具。池州市贵池区山里姚傩村社各尊面具担任的角色，见表2-1所列。

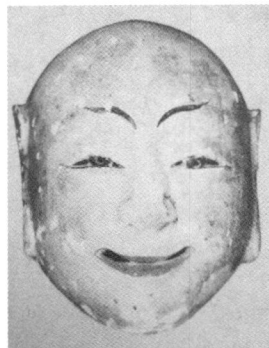

图2-27　小和尚面具

表2-1　池州市贵池区山里姚傩村社各尊面具担任角色一览表

面具名称	角色	面具名称	角色	面具名称	角色	面具名称	角色
小杨	1. 刘戏杨兴 2. 章戏薛霸 3. 放赤鸟 4. 打拳者	老杨	1. 刘家团圆 2. 张青 3. 董超 4. 打赤鸟 5. 樵夫	外位	1. 报戏名 2. 刘公 3. 众百姓 4. 杨公 5. 渔夫 6. 舫公	张主	1. 武相点元 2. 张主 3. 封包 4. 黑笔师 5. 强盗
文相	1. 李膺 2. 王顶玉 3. 城隍 4. 杨知府	金星	1. 老先生 2. 点化 3. 卜卦 4. 滴血	小和尚	1. 新年会 2. 访包 3. 斋僧 4. 书童	正旦	1. 刘戏萧氏女 2. 百花刘女 3. 送寒衣（姑）

面具名称	角色	面具名称	角色	面具名称	角色	面具名称	角色
玄坛	1. 宿坛玄坛 2. 老回回 3. 孤王	县官	1. 皇甫嵩 2. 李华 3. 红笔师 4. 文臣	小生	1. 刘文龙 2. 章文选 3. 范杞良	老旦	1. 刘戏吉婆 2. 萧女母亲 3. 艄婆
张龙	1. 章戏内 2. 小鬼（孤王庙）	赵虎	1. 章戏内 2. 判官（孤王庙）	状元	1. 刘文龙 2. 太监 3. 张通判	老和尚	1. 新年会 2. 访包 3. 斋僧
皇帝	1. 汉灵帝 2. 宋仁宗	娘娘	西宫娘（打銮驾）	末位（小生）	1. 报戏名 2. 农夫 3. 百姓	包相	1. 包家 2. 章家（包文正）
头回	1. 舞回回 2. 小强盗	二回	1. 舞回回 2. 小强盗	三回	1. 舞回回 2. 强盗	四回	1. 舞回回 2. 小强盗
招魂	宿坛戏	宋中	刘戏宋中	梅香	刘戏小旦	小包	包行者
鲁王	章戏内	姜女	范戏孟姜女	二郎	舞伞	乡官	范戏内

三、傩（神）面具的美学特征

从构成的角度来看，可以把池州傩（神）面具的工艺美术分解为造型和装饰两个部分，造型部分较多地体现其适用功能，而装饰则侧重于美学特色。对于中国古代工艺美术品来说，由于"古代生活方式的变化较慢，而审美等观念不仅变化较快，个体差异也较大。因此，造型较稳定，装饰更活跃"[①]。池州傩（神）面具亦是如此。

造型特征

池州傩（神）面具的角色数量多，各傩村社风格各异，所以面具的造型十分丰富。其基本的造型运用了写实、写意、夸张、变形等表现手法，生动地表现了傩（神）面具人物的面貌和性格特征。

傩（神）面具的形象塑造大多依据祖辈传承下来的图样，也参照戏曲人物和民间传说中的描述，同时结合了面具制作者的想象和创造。池州傩（神）面具的雕刻手法虽然古朴粗放，但在细节的处理上却精巧细致。

在整体构造上，池州傩（神）面具的上眼睑、鼻腔、嘴唇、颧骨处都微微向外凸出，这样不仅显得人物五官真实立体，并且在佩戴时，演员的面部能够很好地与面具相贴合。而傩（神）面具一般略大于普通人脸，这是为了适应不同演员佩戴的需要。

池州傩（神）面具以布条和细绳固定在演员脸上，穿绳的小孔在耳孔位置，正好位于整个面具中上部，很好地解决了佩戴面具时的平衡问题，也保证了"半脸子"和"全脸子"两种佩戴方式都能够适用。

从构造上来看，池州傩（神）面具分为有头部装饰和无头部装饰两

---

① 尚刚. 中国工艺美术史新编［M］. 北京：高等教育出版社，2007：3.

种。头部装饰一般与面部相连接，在制作面部粗胚时就一并将整体形状制作出来，例如孟姜女的发髻和簪花、刘文龙的儒生巾、包拯的乌纱帽等皆是如此。无头部装饰的傩（神）面具一般有两种处理方式：一是将面具头顶磨圆，呈现出秃头的形态，如和尚面具；二是将面具头顶自额头部分整齐地切断，留下一个浅槽，以配合佩戴巾、冠或帽等其他首服。

在面部形态上，如果说各个角色的傩（神）面具在整体形状方面没有太大区别，那是因为制作傩（神）面具的艺人将创作灵感和丰富的想象力都应用在了傩（神）面具的面部形态塑造上。

池州傩（神）面具雕刻的脸型基本上以方而阔为主，眉眼距离大，但眼睛、鼻子和嘴的分布较为紧凑，嘴角上翘，耳郭大且耳垂垂至脸颊下方，显得眉清目秀，颇具江南地域特色。大部分人像型面具的五官具有统一性：细眉，弯月形笑眼，高而挺的鼻梁，如刘文龙、范杞良、孟姜女等。

而对于一些"特殊"人物则有不同的表现方式。面容更姣好的女性人物一律为丹凤眼、樱桃小口，脸型更精致小巧，妆饰也更丰富，如张妃、萧氏女等；凶相型人物的五官大多使用了变形和夸张的艺术手法，怒目圆睁、口带獠牙、凶神恶煞是其主要特征，如招魂使者、魁星、千里眼、顺风耳等；神像型和正面人物的面具则显得庄重严肃，有威严之像，如天帝、包拯等。

在神态表情上，由于池州傩（神）面具是神祇的象征，所以除了特意夸张的凶相型面具之外，大部分面具的人物表情亲切随和、面目慈善。

傩（神）面具的神态表情在雕刻时已经固定下来，这就意味着在表演过程中面具表情无法配合剧情发展、人物情绪变化而变化，这是傩（神）面具用于傩舞、傩戏时在观感上的一处缺陷。

装饰特征

装饰，是在造型的基础上对傩（神）面具的形象特征进行进一步的强调和美化。神像型傩（神）面具的华丽堂皇、凶相型傩（神）面具的抽象夸张、人像型傩（神）面具的写实自然都要依靠装饰来渲染与凸显。池州傩（神）面具的装饰特征主要表现在色彩、图案和线条三个方面。

色彩不仅使傩（神）面具显得鲜活灵动，还有划分角色类型的实际功用。人像型面具多以肤色或白色为肌肤的底色，有时为了增强美感，还会为人物增添妆容，最典型的是唇彩和腮红。还有一些特殊的颜色，它们被用在特定的傩（神）面具上，表达特定的人物形象特征，起到彰显身份或突出个性的作用。

金色：用于神仙和社会地位较高的人，例如，茶溪汪社的皇帝和左、右丞相，南山刘的玉皇大帝，傩舞《二郎舞滚灯》中的二郎神。

黑色：用于刚正、直率、果敢、智慧的人物，例如，《陈州放粮》中的包拯、《五星会》中的魁星。

红色：用于忠勇之士，例如，《圣帝登殿》中的关羽。红色的另一个典型用处是在凶相型傩（神）面具中，将人物已变形的眉毛、眼睛、兽角、獠牙等涂成红色，象征火焰、太阳、血液等，如招魂使者、张龙。

这种以颜色来区分人物性格的方式，是色彩装饰在象征层面的重要发挥，更充分体现了傩（神）面具的程式性艺术特征，这种程式性特征不仅体现在傩（神）面具上，而且在傩事装扮的方方面面都有应用。池州傩事装扮的程式性，是指傩（神）角色类型与傩（神）装扮类型的相对应，在装扮时始终遵循角色特点与装扮特点相呼应的原则。不同类型的角色形象采用不同的装扮样式，具有相对稳定的装扮规则，如文武不同、贵贱不同、老少不同、男女不同、僧俗不同、正邪不同等。这种程式性集中体现在装扮的样式、颜色、装饰等方面：在样式上，傩（神）面具的佩戴与其他服饰的装扮均体现出程式性的特征，例如武将戴盔头和翎子，文官、才子等面具雕方巾、冠、帽等；童子面具头部雕发髻，老年面具雕胡须等。在颜色上，傩事活动中颜色的使用与搭配也表现出了其与角色之间的明确关系，例如披红代表了喜庆场合，金色为身份地位较高角色的专属色。在装饰上，傩（神）角色的服饰装饰尤为典型，例如官员服饰上的补子图案和高级官员服饰上的蟒纹图案等。

另外，池州傩（神）面具的用色也十分注重色彩的和谐统一，一般一尊傩（神）面具上的色彩不会超过三种，以免显得杂乱无章。而用色手法也有类似戏曲脸谱中"洁面"和"花面"的区别：大部分人像型傩（神）面具勾勒眼眉形态、略施粉黛的手法是"洁面"，而凶相型和部分神像型傩（神）面具以大片色彩涂抹于面具之上的手法是"花面"。

图案在池州傩（神）面具中的应用并不多，因为对于人像型面具来说，大部分主要以写实为主，所以人像型傩（神）面具上的妆饰图案大多是为了美观，而神像型和凶相型傩（神）面具上的图案则在于突显人物角色的形象特征，如：

张妃、萧氏女：花钿、眉心坠等是中国古代女性常用的面部妆饰，以工笔勾勒，起到美化面容的作用。

伞童、小和尚：孩童角色在眉心和脸颊处点上红点，表现天真活泼的天性。

包拯：额头上的月牙形图案，象征着"日断阳、夜断阴"。

二郎神：额头上的眼睛图案，象征着明察万物，辨善恶忠奸。

魁星：额头上的金色圆形麻点图案，象征着"映天象、摘星斗"（图2-28）。

老和尚：脸颊和下巴处以黑色小圆点满布，模仿胡茬的形态。老和尚和小和尚的傩（神）面具头顶处也以黑色圆点绘就戒疤的形状。

渔翁：眼窝处两块白色图案，类似中国传统戏曲中丑角脸谱的"豆腐块"。

图2-28　魁星面具

线条是池州傩（神）面具的面部常见的装饰，尤其是人物面部的皱纹。制作池州傩戏的艺人非常善于观察人脸上的这些深深浅浅的纹路，并将它们巧妙地再现到傩（神）面具上，使得人物神态、情韵栩栩如生。

首先，皱纹被用来表示人物的年龄。池州傩（神）面具中的人物，根据其年龄大小的不同，脸上皱纹的数量和深度都不同，所在位置也不同。最常见的是在中年人物额头处有两三道抬头纹；老年人物除了额头处的皱纹，还在眼下刻画几道眼纹，更显衰老之态。

其次，皱纹被用来配合展现人物的神态。表现人物神态的皱纹也可以被称作"表情纹"，例如表现人物微笑时刻画笑纹和法令纹，表现人物发怒时刻画眉间川字纹。这些表情纹使得凝固在面具上的人物面容更加生动，神态更加自然，舒缓了面具的"僵硬感"。

四、傩（神）面具的文化功能

人类在认识自然、改造自然的过程中，不断通过科学、艺术等文化观念来审视自我、重塑自我。傩文化就是其中的杰出代表。巫傩的活动在生命意识的层面上极大地满足了先民的心理需求，而这种文化功能被很好地保存和体现在了傩（神）面具上。池州傩（神）面具的文化功能主要表现在三个方面：宗族认同功能、神祇象征功能和强化代言功能。

宗族认同功能

曲六乙先生曾将贵池傩归为"宗族傩"，指的是以宗族或家族为单位，为祈求神灵和祖先护佑"家族和兴"而进行的祭祀活动。除池州傩以外，江西婺源、万载等地的"跳傩"都属于这一类型。

宗族，在人类学的研究领域中，代表了一种社会单位，在现代意义上是一种模糊的族群概念。许烺光所著《宗族·种姓·俱乐部》中提道："所谓宗族，是一种沿男系或女系血统直接从家庭延长了的组织。"[1]宗族的形成通常表现为具有亲子与血缘关系的同姓氏人群的聚居。宗族共同祭祀祖先的地方称为祠堂或宗祠。记录宗族历史的主要资料是族谱，或称家谱。自古以来，中国大部分地区的村落都是以这种宗族聚居的方式形成的，人口数量较多的宗族聚居地甚至能够在一段时间内形成一定规模的村镇，这样的聚居地村落或村镇往往以宗族的姓氏来命名。

历史学家吕思勉在《中国宗族制度小史》中引用《白虎通义》时谈道："族者，凑也，聚也。谓恩爱相依凑也。生相亲爱，死相哀痛，有会聚之道，故谓之族……宗者，尊也。为先祖主者，宗人之所尊也。"[2]中国

---

① 许烺光. 宗族·种姓·俱乐部[M]. 薛刚，译. 北京：华夏出版社，1990：63.

② 吕思勉. 中国宗族制度小史[M]. 北京：知识产权出版社，2018：10-11.

人的宗族观念，表现为一种以血缘关系为基础和纽带的集团结构模式，是对于家庭和亲属关系的依赖行为，并以"孝道"为其核心理念。他认为："……表明父为何人之名兴，而氏立矣。故姓之兴，所以表血统。氏之兴，则所以表地位、财产等系统者也。"[①]

自古以来，庞大的姓氏网络构成了中国人亲缘系统的主要承载方式，每一个地区的大姓宗族都会修纂自己的族（家）谱，将祖祖辈辈的家族成员及其基本情况记录下来，代代相传，以示香火承继、后嗣繁盛、绵延不绝。宗族不只是简单的家族集合，还是阶级地位的象征和家族内部道德观念、行为准则的规范，它为宗族成员提供心理认同和精神依赖，同时也约束着宗族成员的言行举止，是宗族成员集体荣誉的表现。

直到现在，池州的很多地方还保留着宗族祭祀的传统习俗。祭祀祖先，是对宗族文化的精神认同与形式表达，同时也是对中华民族"慎终追远"文化传统的现实传承（参见图2-29）。作为中国传统春节期间最为隆重的民俗活动之一，每年的除夕之夜传统乡村宗族中的家家户户都会在年夜饭之前举行祭祖仪式：将家谱、祖先画像或牌位供于祠堂之上，安放供桌，同族的各家各户带着自家准备的祭品、爆竹、鲜花等聚集在祠堂前共同追忆先祖，表达感念之情，酬谢先祖的功业与庇佑。

图2-29　刘氏宗族史简介

---

① 吕思勉. 中国宗族制度小史[M]. 北京：知识产权出版社，2018：7-8.

在池州地区春节期间举行的，以祭祖为主要目的之一的独特民俗活动便是"傩"。可以说，宗族是池州傩的亲情纽带，热闹吉庆的傩事活动象征着宗族的兴旺发达，而傩（神）面具便是其中的核心要素。

傩（神）面具是重要的宗社神器

傩（神）面具是傩事活动中必不可少的重要道具，对于整个傩村社来说也是极为神圣的器物。即使现在很多傩村社的傩事活动已经简化，甚至消失，但保存在宗族祠堂中的傩（神）面具依然是社民们虔诚信仰的神祇的化身。

傩（神）面具从制作到使用都依照严格的规矩。例如，各宗社依照传承下来的面具数量将其制作完成之后，不轻易增减其数目，也保留长时间不更换新面具的传统[1]，如面具出现老旧、损坏等情况，也只是做简单的修补和翻新；各宗社所拥有的傩（神）面具，决不与其他宗社相互混用或往来；各宗社的傩（神）面具在使用时除了参与傩事活动的社民可以"请"用外，其他人不能触碰，以免打扰其"神性"。每个宗族依据本村社的传统习俗、信仰和剧目特点的不同，制作出的傩（神）面具数量不一、风格各异，代表了本家本社的特色。池州市贵池区梅街镇主要傩村社傩（神）面具基本情况，见表2-2所列。

表2-2　池州市贵池区梅街镇主要傩村社傩（神）面具基本情况

村社名称	本年演出时间	主要唱腔	面具总数	面具质料	主神
山里姚	正月十五 （正月初七为山外姚）	高腔	32尊	柳树	皇帝、 玄坛
茶溪汪	正月初七、正月十五	傩腔	24尊	柳树	皇帝、 魁星
南山刘	正月初二至初七、正月十五	傩腔	36尊	杨树、柳树	玉帝、 社神
西华姚	正月初七、正月十五	高腔	24尊	柳树	关公
南边姚	正月初五、正月十五	高腔	28尊	柳树	关公
荡里姚	正月初七、正月十五	傩腔	30尊	柳树	皇帝

---

① 　如今池州各傩村社使用的傩（神）面具绝大部分仍是20世纪80年代至90年代制作的。

傩（神）面具是宗族的标志

池州傩（神）面具具有团结宗社成员、密切亲缘关系、维系宗社组织以及展示宗社民俗特色等功能，这一点在池州市贵池区梅街镇每年正月十五举行的"青山庙会"上体现得尤为明显。梅街镇的六个傩村社在每年农历正月十五①一同朝拜位于刘街乡的青山庙，场面浩大壮观，在当地被称为"青山庙会"。社民们根据庙会上各傩村社"龙亭"中所摆放的主神面具，就能够判断出这座龙亭是属于哪个傩村社的。也就是说，各傩村社的主神面具即是该宗社的族神、社神。

朝庙时，各傩村社的主神面具被安放在"龙亭"中层的宝座之上。由于各宗社的主神不同，所以龙亭中层摆放的面具也就不同，这是区别各宗社的重要依据。有的傩村社为了保持傩（神）的神秘性，会在傩（神）面具四周垂下布帘，称为"暗菩萨"；有的村社则将主神面具直接展示出来，称为"明菩萨"。而其他的傩（神）面具和重要祭祀器物则按照一定的次序摆放在龙亭底层的"龙柜"之中。

一年一度的青山庙会，不仅是各社傩神朝拜昭明太子的盛大节日，更是各社村民互相交流感情、增进友谊的好日子。在朝拜仪式结束之后，便开始了一年一度的宗社交流会，乡民们纷纷围在本族的傩（神）面具周围相互交流各自的生产和生活的经验与心得，与邻村的朋友彼此寒暄、互通有无，鞭炮齐鸣，笑声朗朗，场面十分热闹。

傩（神）面具是家训的物象表达

家训，又叫家规、宗约等，是指家庭中长辈对晚辈提出的关于立身处世和持家治业等方面的教诲，一般在整理成文后附载于宗谱之上。家训是家风的重要组成部分，对家族成员的个人教养、为人原则等都有着重要的引导和约束作用。家训文化是中国传统文化的重要组成部分，对家庭、民族乃至社会公序良俗的形成都有积极的作用，它不仅是中国传统家庭教育的主要形式，更是家庭、民族和社会得以维系和发展的重要精神纽带。

池州傩（神）面具作为宗族重要祭祀活动的标志物，也彰显了家族风气，具有家族教育功能。池州地区傩村社的祭词各有不同，但都普遍有这

---

① 傩事活动的最后一天。

样一句："再保弟子，读书者，小考场场得胜，大考金榜标名，求官及第，告老还乡"，表明"读书入仕"是各宗族对子孙后代的人生寄望。于是，池州傩神中便有了特殊的一位——"魁星"。

魁星，本名"奎星"，俗称"文曲星"，原是中国古代星宿的名称，指北斗七星中的第一颗星——天枢。在中国古代神话传说当中，魁星也是宰文运、司文章的天神，所以古代科举取士时将其首名称为"魁"。

"魁"字拆开来，一半是"鬼"，一半是"斗"，这就成了中国民间故事中魁星形象的来源。传说，中国古代有一位秀才，聪慧过人、才高八斗、过目成诵、出口成章，但是面貌丑陋、形似鬼魅，所以屡屡在面试时落第。终于有一次在皇帝面前展现了他过人的机敏和聪慧，被钦点为状元。后来，这位丑状元升天成为魁星，主管功名禄位。

池州傩（神）面具中的魁星长着一副凶相：青面，赤眉环眼，怒目圆睁，血口獠牙，脑门上有一块圆形带麻点的金色印记，象征着"映天象，摘星斗"，头上有一对兽角。在表演时，魁星的扮演者戴魁星面具，右手握朱笔，意为钦定中选之人；右手执墨斗，象征着才高八斗。魁星一般出现在傩戏《五星会》中，作为最后一位傩神出场，代表着社民们除了祈求福、禄、寿、财和喜气之外，还希望魁星能够眷顾村社里的后代子孙，令其读书入仕，光耀门楣。在池州傩事中魁星不仅有傩（神）面具，还被塑成雕像，西华姚和茶溪汪等傩村社更将其雕像供奉在象征着"仙界"的龙亭顶层，具有举足轻重的地位。

在茶溪汪傩村社的宗祠前供着一座"学子鼎"，据傩村社里的老人介绍，汪村的祖先是唐朝时的名人汪华，他曾立重大军功被唐太宗封为"越国公"。受封之后汪华教导子孙后代要努力读书、报效朝廷。从此，"勤学读书"便成了汪村的族训，而魁星也逐渐成了茶溪汪傩事中的主神。据邻村的村民介绍，汪村是现在整个梅街镇大学生人数最多的村庄，每家每户都以培养出优秀的读书人为骄傲。

中华民族历来讲究"无规矩不成方圆"，而家训就是一个家庭、宗族的规矩，有了这样的规矩，家族才能一步步走向兴旺和发达。池州傩事中将家训升华为宗族信仰的做法，是一种家族凝聚力的象征，进一步体现了池州傩事活动中对于家风家训的重视、传承和发扬。

神祇象征功能

迎神的媒介

"山中人兮芳杜若，饮石泉兮荫松柏。"——屈原大夫的《九歌·山鬼》描绘了诗中人对"山神"的无限崇敬和期盼。无论是《楚辞·九歌》，还是《诗经》中关于神鬼、祭祀的描写，我们都可以从中看出楚人自古"信鬼好祀"的习俗。战国末期杂家著作《吕氏春秋·侈乐》中也曾记载："楚之衰也，作为巫音。"深受荆楚文化影响的池州地区，继承了这一古老的巫傩传统。

恩格斯在《路德维希·费尔巴哈与德国古典哲学的终结》里有一段这样的阐述：

在远古时代，人们还完全不知道自己身体的构造，并且受梦中景象的影响，于是就产生一种观念：他们的思维和感觉不是他们身体的活动，而是一种独特的、寓于这个身体之中而在人死亡时就离开身体的灵魂的活动。从这个时候起，人们不得不思考这种灵魂对外部世界的关系。如果灵魂在人死时离开肉体而继续活着，那就没有理由去设想它本身还会死亡；这样就产生了灵魂不死的观念……①

这里的表述与中国古老的"巫"形象十分类似。

巫，在东汉许慎所著《说文解字》里的解释是"祝也。女能事无形，以舞降神者也"。巫的产生可以追溯到远古时期，是人类对于自然现象及规律的一种最直接朴素的认知，是人类为了证明自己与外部世界存在某种对应关系而创造出来的媒介。古人认为，巫能够与鬼神相沟通，能调动鬼神之力为人消灾纳福，如降神、预言、祈雨、医病等。久而久之，巫便成了古代社会生活中的一种不可缺少的重要角色，女性一般称为"巫"，男性称为"觋"。

傩（神）面具在傩事活动中同样扮演了这样一个媒介的角色，是人、

---

① 马克思，恩格斯.马克思恩格斯选集：第4卷[M]. 北京：人民出版社，2012：229-230.

神沟通的桥梁。在傩事活动中，只有通过傩（神）面具才能够使人与神之间建立某种"超自然"的连接，将神灵请至人间，受百姓祝祷，为百姓消灾解难。从这个意义上来说，傩（神）面具营造出了一种精神意境，这种意境是以人的精神为依据，注入了人的意识、情感与愿望。

另外，神在中国传统民间信仰中是神秘而神圣的。人们相信神不会轻易将自己的容貌形象示人，于是在"请神"的过程中，傩（神）面具自然成了神的"躯壳"或载体。南山刘傩村社的"请神"仪式过程中，年首捧着社神面具前往社坛请神后，会将傩（神）面具的双眼用布蒙住再返回宗祠。根据当地人的说法，神灵降临并依附于面具之上，都是通过傩（神）面具的眼睛，而将面具双眼蒙住，是不让凡人看见神灵降临时的景象，保持神秘感。神必得依附在傩（神）面具上，没有傩（神）面具，便不会有神的降临，也就无法进行傩事活动，这种认知与理念贯穿于傩事活动始终。

例如，"迎神下架"后，将傩（神）面具和其他重要傩器置于龙亭内，前往社坛迎神的过程叫作"起圣"。在"起圣"的过程中，一般由本村社已成家的青壮年男子抬龙亭，戴面具者须起舞，抬面具者上下摆动、摇晃肩上的龙亭，以传达神灵降临之意。又如，在《问土地》等仪式的表演过程中，演员会故意改变自己的声音腔调，来表现此情此景并不是演员的表演，而是真正的"神灵"附身于傩（神）面具之上。

神祇的象征

傩（神）面具在池州傩事活动中是作为神祇的象征符号而存在的，或者说傩（神）面具就是傩神。在"请神"仪式中，傩（神）面具直接作为社民们叩拜的对象，与庙宇里的塑像和宗祠中的祖先牌位一般无二。"迎神下架"时，执事人触碰傩（神）面具前须先"净身"①，之后再来到祠堂，对傩（神）面具作揖叩拜后，才能将面具"请出"。然后便将傩（神）面具搁在龙床之上等待本社社民前来献供，最后由年首或会首带领社民跪拜。另外，在进行傩舞或傩戏的表演时，参演的社民都必须先对傩（神）面具进行叩拜、酹酒之后，才能取用面具。而暂时不用的傩（神）

---

① 洗头洗澡。

面具则依序摆放在戏台一侧的龙床上，以香烛、果品等供奉起来。

池州傩事活动中每一尊傩（神）面具所代表的神性和文化内涵均不相同，例如，天帝、土地公、二郎神①来源于民间信仰，关帝、包公来源于历史故事及民间传说，昭明太子来源于民间文化对于历史人物的再创造。不同神的形象身上寄了广大劳动人民多样化的生活愿景和朴素愿望，是民间多神崇拜、泛神信仰的集中体现，而表现这种民俗精神的具体的、物质的载体就是傩（神）面具。

不论是民间信仰中本就存在的神明，还是被"神格化"的历史人物，每一尊傩（神）面具都需要经过"开光"的仪式而获得神性，从而才获得了作为"傩神"的完整意义。王兆乾先生曾在《傩面具与面具戏剧》一文中详细记录了传统"开光"仪式的情景：

由"忏师"（专门为塑像装金的漆匠）髹漆、上色、穿须，并举行"开光"仪式。仪式有起猖、驾猖、跑五方、收猖、埋罐、点光等步骤。届时敲锣打鼓，朱笔画符，请五五二十五路猖兵，五人穿彩衣跑五方。天黑以后，执事人等和端公②（或漆匠）一齐上山，用石灰画八卦，执事人按方位站立八卦图内，端公则手拿瓦罐满山搜索。所有人皆噤声，听有什么生物鸣叫（最好是老虎叫），端公立即吹"猖哨子"，盖好瓦罐，这时锣鼓铳炮齐响，灯笼火把通明，表示已经"收猖"。回到村里，听金鸡报晓，便为面具"点光"。用公鸡血，兑朱砂、金粉，依面具神的品位高低为序，分别点涂七窍，陈列于竹编团箕之上，团箕边设牌位。点光以后，还要在面具前跑五方，唱颂词。最后，将猖罐埋在社坛之下，称"埋罐"。天明之时，烧去牌位，面具入箱……③

这里的"开光"，是一种类似于祭祀活动的仪式，目的是赋予傩（神）面具灵性，使它具有可供神灵依附的功能，只有经过"开光"的面

---

① 俗神崇拜。

② 端公，又称神汉。指从事祭祀活动、施行巫术的人，一般指男性。

③ 王兆乾.傩面具与面具戏剧[J]. 戏剧之家，1998（3）：17-19.

具方能成为具有"神性"的傩（神）面具，才能参与接下来的傩事活动。而如今的开光仪式已经大大简化了：傩（神）面具制作完成之后，请僧人焚香烛、念经文、做法事即是开光。另外，每年将保存在日月箱中的傩（神）面具取出后，用新土布蘸上用檀香或柏枝浸泡过的"清水"揩拭，俗称"揩脸子"，也被当作"开光"的一种。

池州傩神

池州傩神的形象来源广泛，囊括了儒、释、道等中国古代文化思想学派，也包括传统民间信仰中的保护神，甚至还有家喻户晓的历史传奇人物等，而其中最具地方特色的是土主——昭明太子萧统、嚎啕神、五猖神和瘟神。

昭明太子萧统

据《杏花村志·第三卷·建制》记载：

> 在村西三里，即郡治西也，土人亦称西庙。唐永泰初，因秀山远于郡治，复即文选阁旧地建祠今所。宋赐额曰："文孝"，累封"英济忠显灵佑王"，明仍称"昭明"。有坊，有重门，有殿，有寝室，有迥廊，有钟鼓楼，规制壮丽，俨若宫阙。自元迄明，历修皆有碑记可考。庙后有梁武帝殿，庙左偏为僧居，庙祝周氏亦附居其侧，世掌祠事。池人以八月十五日为昭明诞辰，先期十二日知府率寮属迎神像入祝圣寺，十五日躬致祭，十八日送还庙所。盖贵池里社无不祀昭明为土神者……

这里所提到的西庙所祀神灵"昭明"，是南朝梁武帝的长子——昭明太子萧统。

供奉昭明太子的习俗在池州地区由来已久。在这里流传的民间故事是这样的：梁天监年间（502—519），池州曾遭逢大旱，当时田地龟裂，颗粒无收，饿殍遍野，昭明太子不忍见百姓遭受苦楚，多次上书给皇帝，并且亲自送粮赈灾，最终使得池州百姓顺利度过了劫难。于是，在昭明太子英年早逝后，池州百姓感念他的恩德，向朝廷请来了太子的衣帽，在他生活过的秀山建造了衣冠冢和太子庙，将他视作池州的土主城隍。如今，池州地区民间祭祀的供案上被称作"案菩萨"的便是昭明太子。

其实，昭明太子与池州的渊源不仅是这一则民间故事。相传，天监元年（502），南朝梁太子萧统被封邑在池州。他酷爱山水，居住在秀山隐山寺。在池州居住的这段时间里，萧统对先秦至南朝梁的诗文辞赋按体裁进行辑录，编纂成共38部类、700余篇诗文的作品集，史称《昭明文选》，是我国文学史上的"总集之祖"。如今，池州还遗存了文选楼、昭明祖庙、西庙等与萧统有关的名胜古迹。萧统曾经常去的秋浦河畔玉镜潭郎山崖牯牛石上的垂钓之处，被誉为"昭明钓台"，于1986年被列为"全国十大古钓台"之一。

作为"土主"①的萧统，在池州傩事活动中被供奉为地位极高的大神，是傩祭里春秋祭祀的主神。在池州市贵池区梅街镇刘街社区有一座青山庙，始建于元代大德七年（1303），是当地姚姓家族迁居到池州后的第十一世祖捐资建立的，原是昭明太子祠和都城隍祠，庙中殿内供有梁昭明太子萧统的神位。旧时，刘、汪、姚、戴等数个傩村社在农历正月十五齐聚青山庙会，举行的盛大傩事活动，被当地村民们形象地称为"九社朝土主"。

昭明太子作为傩事活动中最重要的傩神，没有头面式的神像——傩（神）面具，且不参与傩舞和傩戏的环节，只塑立体神像供社民参拜，是唯一不设傩（神）面具的傩神，可见其在池州傩神中超然的地位。例如，东山韩村的傩村社在举行傩仪时将昭明太子的神像安放在龙床的中间位置。

图30　昭明太子画像

嚎啕神

在梅街镇姚姓傩村社的社坛和宗祠之中，都供奉着同一尊牌位，上面书写着"二十四位嚎啕神圣之神位"。"嚎啕神"也是池州傩事活动所供奉

---

① 池州地区自古就有"土主"祭祀的人文情结与风俗习惯。例如，2008年被列入安徽省第二批非物质文化遗产（民俗类）项目名录的池州"福主庙会"（又称"余公出会"），即是明清时期以来，池州地区的人们为了纪念隋末唐初在今东至县为官的陈杲仁，感念他的刚正勇毅、廉洁奉公和勤政兴业而组织的民间祭祀活动。

的主神之一，在山里姚傩村社《请阳神表》的祭词中亦有："……拜请嚎啕戏会，耍戏龙神……"并且，傩村社的社民们时常称呼傩（神）面具为"嚎啕神"，那么这"嚎啕神"究竟是何方神圣，与傩又有什么关系呢？

在池州市贵池区梅街镇各傩村社中流传着这样一个民间传说：张天师①以高超的捉鬼法术闻名于世，但却引起了皇帝的怀疑。皇帝为了证明张天师是装神弄鬼，便将二十四位优伶幽闭于宫室之中，令他们戴着面具扮演成鬼怪的模样，并发出"嚎啕"之声。如此这般之后，请来张天师做法捉鬼，张天师明知道皇帝戏弄于他，依旧施展法术，将二十四位优伶当作真正的鬼怪一般杀死了。皇帝见到这样的情境，不愿承认自己的恶作剧，只能赐这二十四位枉死的优伶"嚎啕神"的谥号，而"嚎啕神"也就成为"嚎啕耍戏之神"，每次傩戏开唱之前，一定要将这二十四位司掌"耍戏之事"的"嚎啕神"请至宗祠之中，进行祭神仪式后，才能开始傩戏的表演。也就是说，在姚姓的傩事活动中，"嚎啕神"即是傩戏之神。

而傩（神）面具也是由传说中"嚎啕神"们所佩戴的面具演化而来的，演员必须戴着面具才能仿效"嚎啕神"的模样进行傩戏表演。所以，傩（神）面具也就成为池州傩戏不可分割的重要组成部分，是傩戏表演的独特标识，不佩戴傩（神）面具而作的戏是不能够称之为傩戏的。

从"嚎啕神"的传说中可以看出，在傩的发展历程中，这种民间艺术形态明显受到了民间信仰的深刻影响。在科学技术还不发达的古代，傩村社周边流传的民间故事，不仅是人们原始信仰的来源，而且是思想意识形态形成的重要素材。在民俗文化和地域风俗逐步成型的过程中，民间文化艺术不断变化和革新，展示出广征博采、兼收并蓄的独特风貌。

五猖神

山里姚傩村社各组在傩事活动结束时送神的地点不同，其中谢家的送神处是在村边的一座五猖庙。五猖又称"五通"，即马、猴、狗、鸡、蛇五种动物之精，过去也有其代表金、木、水、火、土五行之说。据说，旧时殷村姚傩村社的五猖庙内供奉着青、黄、红、花、黑五色面孔的五尊神

---

① 一般指张陵，字辅汉，东汉人。

像^①。谢家的五猖庙比较小，与土地庙的规格类似，仅供奉着五猖牌位，上面写着：敕封五猖大神之神位，并无神像。

根据《池州府志》记载，每年农历六月，池州地区的农村举办青苗会，以驱除农田虫害。在青苗会的仪式中，各农户会在自家田地里插上"猖牌"，以震慑妖魔鬼怪和蛇鼠虫蚁等危害庄稼生长的"脏东西"。

而池州傩（神）面具的"开光"仪式与青苗会有异曲同工之处。在传统开光仪式中，各村社的年首或会首必须参加，据王兆乾先生在《五猖信仰与古代祭殇》一文中的记载，傩（神）面具开光有"起猖""驾猖"等环节："面具开光时为什么请五猖，老人已说不清，大约一方面请五猖做使者，通知诸神某地已有了可供神灵栖息的面具，并取得众神的认可；另一方面，请五猖做护卫，防止恶魔依附于面具。"

虽然，五猖信仰在池州一带大有渊源，傩（神）面具的开光仪式也与其有关，但池州各傩村社都没有关于五猖神的傩（神）面具，也没有与五猖有关的傩舞和傩戏。据村里老人介绍，只有在桂家畈的傩事活动中曾出现过五猖神的傩（神）面具，如今也已佚失。在池州地区各傩村社的傩事活动中，除了五猖庙和旧时开光仪式之外，只能在请神祠中寻到五猖神信仰的痕迹。

从山里姚傩村社的《请阳神表》中可以看出，五猖亦是备受人们崇敬的傩神之一，并且在池州地区的民间风俗中主打猎之事。

伏以，神通浩浩，圣德昭昭，凡有香烟，必蒙感应，谨运真香，虔诚拜请，拜请嚎啕戏会，耍戏龙神……马家坦打猎五猖诸位神祇……灵田畈打猎五猖诸位神祇……西峯抛、明兴坞打猎五猖诸位神祇……迎请嚎啕戏会，扮演戏文，夜半以后，祈保家门庆吉，人口平安……

池州傩事活动流行的地区有高山密林，山中常有豺狼虎豹等大型野兽出没。而村民们靠山而居，时常需要上山拾柴、挖竹笋或者打猎，并且曾有山中野兽进入村舍咬伤家畜，甚至伤人的事件发生。在傩事活动中祭五

———————————————

① 此庙现无遗迹。

猖，表达了社民祈求免受野兽骚扰、家中人畜平安的生活愿望。

瘟神

池州各傩村社在傩事活动接近尾声时，都有一出"送瘟神"仪式，象征着驱邪除疫。例如，姚姓傩村社的傩舞剧目里作为压轴的"关煞"一出，讲述了关公大战瘟神的故事，这一出傩舞锣鼓急促，鞭炮声震耳欲聋，颇有传统民俗活动中驱赶年兽的气势。

"瘟神"是中国古代民间传说中传播瘟疫的恶神。宋代《王尚恭墓志》提道："民事瘟神谨，巫故为阴庑复屋，塑刻诡异，使祭者凛栗，疾愈众。"自古民间就有很多"送瘟神"的传统，如端午时节家家户户在门前悬挂艾叶——便是用来送瘟神、驱病疫的。

关于池州地区"送瘟神"的习俗还有一段流传在民间的故事，据西华姚傩村社的许来详先生回忆：现在的梅街村方河组所在的位置曾有一处居住着300多人的齐家村，有一年天上的瘟神私自下凡，在西华姚傩村社遇到当时由青山庙会回村的傩神菩萨（面具），傩神菩萨为保一方平安，与瘟神大战，瘟神落荒而逃至齐家村，数月之内齐家村的300多人均得瘟疫而死，而西华姚傩村社的村民都平安无事。从此，农历正月十五"送瘟神"的传统就一直延续了下来。

各傩村社中的瘟神并无专指，于是也没有专门的瘟神面具，而是用已有的傩（神）面具代替。所选用的傩（神）面具大多是傩戏中用于扮演反面人物或身份地位较低的人物面具，例如：荡里姚傩村社的梅香和西华姚傩村社的吉婆等。这种方式恰好表现了"瘟神"在现代汉语中的引申义——作恶多端、面目可憎的坏人或恶势力，反映出劳动人民朴实纯粹的是非观念。

强化代言功能

傩（神）面具除了作为宗族认同的标志、迎神的媒介和神祇的象征之外，还是池州傩戏的标志性特征和最重要的砌末之一。搬演傩戏时的傩（神）面具具有强化代言体的作用，这种作用主要体现在人像型面具上。

傩（神）面具是傩戏的重要标识

在池州地区的傩村社中流传着"一张脸子半出戏"的说法。工艺精湛、刻画逼真的傩（神）面具，能够直接表现人物性格与形象，富有立体感，并且也有了简单的角色和行当分类，适合进行古朴的傩戏表演。虽然，个别傩村社的个别傩戏剧目在表演时会弃置面具，例如：南山刘的《新年斋》中的僧人只佩戴提陀帽，身披袈裟，不戴面具。但这只是极少数现象，傩（神）面具在傩戏表演中普遍具有独特的价值，例如傩（神）面具的数量与该傩村社所搬演傩戏剧目的数量有直接关联。

南山刘傩村社是贵池区梅街镇各傩村社中傩（神）面具数量最多的，有36尊，同时也是傩戏剧本保存较完善的傩村社。南山刘傩村社的傩戏剧目除了传统的包家戏、刘家戏和范家戏等之外，还有具有本村特色的"刘公刘婆戏"[1]。也就是说南山刘傩村社的傩戏单单在人物角色上就要比其他傩村社更丰富一些。

西华姚傩村社的24尊傩（神）面具，除了尊"二十四位嚎啕神"的传统之外，还因为旧时的包家戏等剧本遗失，而各傩村社剧本各有特点不可借鉴，包家戏在西华姚傩村社的傩戏场上便不再表演。据社民回忆，20世纪八九十年代重做傩（神）面具时，这些遗失了剧本的傩戏中的某些角色的傩（神）面具就没有再制作了。

在傩戏场中，除了锣鼓队伴奏、"喊段""提词"等不需要佩戴傩（神）面具外，其他社民必须佩戴傩（神）面具，穿戴完备后方能够登台，否则视为对神灵及祖先的无礼与不敬。

由此可见，池州傩（神）面具不仅是傩戏表演时面部的主要妆饰，更是傩戏的重要标识。流行于池州市域内的目连戏也是一种祭祀性戏剧，但目连戏不需要戴面具演出，而池州傩戏必须戴傩（神）面具进行演出。可以说，只有戴傩（神）面具进行演出的祭祀性戏剧才能够被称为傩戏。

傩（神）面具是强化代言的工具

从公元前五世纪古希腊戏剧中男演员佩戴女性角色面具演出，到意大利假面喜剧中的面具类型角色，再到池州傩戏的傩（神）面具，面具在戏剧舞台上，一直都是强化代言、刻画人物性格的重要工具。

---

[1] 以本姓氏人物为主角的傩戏充分体现了祭祖的文化意蕴。

本我与角色的转化

面具，本身具有遮盖、屏障的功能，这是面具最浅显的表层功能。经过造型、雕刻、绘画等艺术手段改良后的傩（神）面具，还具有另一个功能——赋予社民演员另一张脸，或者说另一个身份（角色），角色与社民演员本我之间既有联系又有区别。角色与社民演员看似是同一人，但社民表演的内容实际上是与"本我"分离的"角色"，而这个"角色"在池州傩戏中就直观地体现在傩（神）面具上。

社民演员通过"现身说法"的方式扮演剧中人物、表演剧本内容与情节，这种社民演员"代"人物"言说"的演绎方式被称作"代言体"。《中国曲学大辞典·曲论》[①]中认为："代言体"是表演者以第一人称身份扮演或模拟剧中角色的一种表现方法。在不佩戴面具进行表演的戏剧中，演员主要通过眼神、表情、动作、姿态、台词等表现所扮演人物角色的性格和行为特征。而傩（神）面具本身所呈现出来的角色面容，对传统表演中的代言表演起到了直接的突出和强化作用。

社民演员只要戴上傩（神）面具就变为了面具上的人物，从"本我"转化成为傩（神）面具上的"角色"。演员的声音、动作、姿态都要配合所佩戴傩（神）面具人物的性格特征、行为方式和道德倾向等，不能够做出与面具形象相异、甚至相悖的动作和形态。例如：在傩戏《刘文龙·赶考》中，扮演刘文龙父亲的社民演员要故意将声音表现得"老态"，而扮演刘文龙妻子的社民演员则须模仿女性婀娜的身体姿态[②]。在戏场中，男社民虽然身形高大魁梧、嗓音浑厚、动作大开大合，但看到他脸上戴着女性角色的傩（神）面具就可分辨出他所扮演的是女性，这就较好地弥补了社民演员肢体、声音等方面艺术表现力不足的缺陷。

另外，由于傩村社中懂得傩戏唱腔和表演的社民并不多，所以常常出现同一位社民演员扮演多个人物角色的现象，即由擅长表演某一类人物形象的社民演员扮演多个性格相似或相近的人物角色。例如，在荡里姚傩村

---

① 在《中国曲学大辞典·曲论》中，"叙事体"：至于戏剧，由于它的艺术特征即是扮演人物、表演故事，所以一般多是以"代此一人立言"的代言体方法进行表演；"代言体"：指表演者以第一人称身份扮演或模拟节目中的人物。

② 池州傩戏中的社民演员均为男性，女性角色也由男子扮演。

社的傩戏中，福星、刘文龙、范杞良的扮演者就是同一位社民。虽是一人分饰多角，只消看一看他所佩戴的傩（神）面具，便能简单、快速分辨角色，也不会令观演的其他社民混淆角色和故事情节。

另外，池州傩戏中还有老人扮演髫龄孩童、少年扮演龙钟老者的情况，在锣鼓喧天、喧闹嘈杂的傩戏场，即使听不清声音，看不出动作，也能够通过社民演员所佩戴的傩（神）面具准确判断出其扮演的人物角色及其形象、个性特征。

刻画人物形象特征

傩戏环节中所使用的傩（神）面具，大部分是人像型面具，较少使用神像型和凶相型面具。人像型傩（神）面具以自然、写实为主要风格特征，类似于现代戏曲舞台上的"俊扮"或者"洁面"，主要在于描摹人面部的轮廓，略施粉彩，突出眉眼描画，起到美化人物的效果，在模拟人面的前提下，尽量做到色彩逼真、形态自然。

同时，人像型傩（神）面具也非常注重不同时期、不同情境中人物形象特征的刻画。例如：《刘文龙》戏中的"刘文龙"面具在赶考前和赶考时，由于年龄、身份地位的区别而在冠帽上做出了不同处理。除了面具样式，面具的色彩和修饰、服饰以及装扮等也能够综合表现人物的形象特征，如人物角色的年龄差别主要依靠面部皱纹、胡须以及衣着等来表现。

傩（神）面具在戏中的使用，只分行当、等级差别，不分朝代，这较好地解决了不同时代人物扮演时的面具共用问题。但这种"共用"有一个前提，即共用的人物角色必须具有某种共同的形象特征，若是个性差异较大的人物角色是不能够共用同一傩（神）面具的，例如：好坏不能混淆，尊卑不能颠倒。

神像型和凶相型的傩（神）面具主要用于傩仪和傩舞，其创作理念新奇大胆，大量使用夸张的色彩、图案和装饰来强调傩神的形象特征。例如，傩舞《关公（帝）斩妖》中关帝的红脸，象征着关公的忠义、耿直和血性的形象特征；《章文选》戏中包拯的黑脸与额头上的月牙印记，代表了包青天刚正不阿、秉公执法的气度；左、右丞相的面具覆以金箔，呈现出"金脸"的富贵官家形象；招魂使者和张龙面具中的兽角、獠牙等元素，则突出表现了凶猛可怖的形象特征等等。

另外，在傩舞《舞回回》中出现的胡人面具，黑脸、戴冠、红眉、红唇。根据山里姚傩村社姚家兴老先生介绍，这种形象在当时被称为"蛮子"。黑脸胡人面具冠饰精致，带有宫廷色彩，应当是宫廷舞蹈流入民间后与民间艺术相结合的产物，也是中国古代民族文化、地域文化广泛交流的证明。

由此可见，池州傩（神）面具不但善于表现人物性格，具有很强的形象性特点，此外还善于吸收其他民间艺术形式中的特色，并且巧妙利用其优势来发展自身，不断提升自我的艺术修养与文化内涵。

第三篇

儺（神）面具相关儺器

与傩（神）面具直接相关的傩事器物主要有日月箱、龙床、龙亭，均为池州傩事活动中专用于收纳、摆放傩（神）面具的器物。这些器物的使用场合有所不同，如：龙床只在宗祠中固定位置使用，龙亭则多在傩仪仗行进时使用。

日月箱

每年傩事活动的最后一个环节——"送神"仪式结束后，傩（神）面具被擦拭干净封存于"日""月"两个木制箱内，保管在各傩村社宗祠的阁上。"日"箱多存放皇帝、高级官员等身份地位较高的傩（神）面具，"月"箱多存放小鬼、"回回"等身份地位较低的傩（神）面具。日月箱是在非傩事活动期间专门用于收纳傩（神）面具的方形箱式器物，木制，通体黑色或蓝色、黄色，箱体正面中间位置分别书写金色的日、月字样。日月箱的尺寸大小没有一定的标准，一般依据各村社傩（神）面具的数量及储存傩（神）面具的需要而定。

日、月意象在中国传统文化中不仅有指代天体、时间的具象意义，还有独特的抽象文化象征意义。在中国古代传统哲学的视角下，世间普遍对立又相互联系且符合此消彼长规律的事物皆可归纳出其阴阳二元属性，如天地、寒暑、昼夜、上下、南北、男女等，日与月亦是如此。中国传统民俗文化中普遍认为"日属阳，月属阴"。这个中国古代传统哲学的基本观念对中国民间文化的影响颇深，在中国老百姓的眼中，世间万物和生活的方方面面皆可以用"阴阳"来认识和区分，例如地形地貌、动物植物、气候、饮食、医药、篆刻、凶吉、善恶等等。

西汉哲学著作《淮南子·精神训》中曾记载："古未有天之时，唯象无形，窈窈冥冥，有二神混生，经天营地，于是乃别为阴阳，离为八极……"东汉高诱曾注："二神，阴阳之神也。"池州傩的日月箱凭等级秩序的高低安排傩（神）面具的摆放位次，并且以日、月为象征标识来区分，体现了社民们对于中国传统社会秩序和传统"阴阳"属性文化的朴素认知，是民俗文化的典型表现。

龙　床

龙床一般摆放在傩戏戏场前后的左侧，样式较简单，常常仅由几块条形木板搭在木凳上铺排成床板形状，床上铺红色绸布。龙床四周用竹子架起高高的床架，挂上黄色、红色等彩绸，形成床幔，将龙床整个遮挡起来，使其内部形成一个较为隐秘的空间。另外，有些傩村社也会采用一个巨大的、竹篾编制的长方形簸箕作为简易龙床，长约1.9米，宽约1.4米，称为"神台"。

在"迎神下架"仪式上将傩（神）面具从日月箱中请出，并用崭新的棉布蘸取浸泡过松、柏树枝的"净水"将其擦拭干净，当地人称为"揩脸子"，而后依位次整齐排列摆放于龙床之上以备傩事之用，俗称"脸子坐龙床"。在整个傩事活动过程中，暂未被使用的傩（神）面具均被安置在龙床上，时时接受社民的祈拜。"脸子坐龙床"摆位次序（山里姚傩村社），见表3-1所列。

表3-1 "脸子坐龙床"摆位次序（山里姚傩村社）

龙床尾				
小杨				四回
老杨	招魂	玄坛	宋中	三回
梅香	赵虎	乡官	末位（正生）	二回
老旦	张龙	鲁王	小生	头回
姜女	小包	状元	外位	小和尚
正旦	张主	娘娘	县官	老和尚
二郎	包相	皇帝	文相	金星
龙床头				

龙 亭

所谓龙亭，实际就是池州傩事活动中傩（神）面具的神龛，又称"銮驾"。龙亭（图3-1）为木制，共三层，高2.2～2.4米，长、宽50～95厘米，下宽上窄，形似宝塔，通体髹朱红色漆，配金色、宝蓝色纹饰，满布彩绘图案与雕刻、浮雕装饰。每层留出中部空间用于放置傩（神）面具，顶层空间周围以镂空窗装饰；中层空间除四周立柱外无遮挡，称为"龙居"，专门用于摆放各傩村社地位最高的傩神——社公面具；下层空间相对封闭，其中有一活动的方形柜，称为"龙橱"。通常，龙亭上层或中层仅摆放一尊傩神塑像或一枚傩（神）面具，其余傩（神）面具和重要傩事器物

图3-1　龙　亭

均摆放在底层。在神坛和龙亭、龙床之上摆放傩（神）面具时（表3-2），身份、地位最高的傩"神"面具一般位于正中央，其他的傩（神）面具以其为中心环绕四周，呈"众星捧月"状。

表3-2　山里姚傩村社龙亭"龙橱"内部傩（神）面具摆位

龙橱				
上层				
老杨 小和尚 老和尚 小包 张主 包相	笔、签筒、砚 小如意 朝笏 龙凤剑 窄光刀	惠子 乡官 鲁王 状元 娘娘 皇帝	铜铃 朝笏 大如意 马鞭 窄光刀 圣旨	宋中 末位（正生） 小生 外位（老生） 县官 文相

（续表）

龙橱				
下层				
梅香	小月斧	四回	小月斧	小杨
吉婆（老旦）	小铜鎚	三回	赤鸟	招魂
孟姜女	钢鞭	二回	小铜鎚	赵虎
肖女（正旦）	阔光刀	大回	阔光刀	张龙
二郎	折扇	玄坛	钢鞭、云帚	金星

"龙亭"底层的腿柱为四只粗壮的龙爪，稳稳踩在底座之上，被龙爪腿柱合围的龙亭底层是一个相对封闭的空间，正面开两扇小门，其余三面以木板为壁，门与壁外面有浮雕装饰，装饰内容多为民间传说与戏曲故事，如八仙过海、五星相会、仁宗认母、关帝登殿等；还有些民间信仰中的"仙""道"人物，例如寿星、仙女、天神、童子等，配以灵树、祥云、仙鹤、鹿等神兽形象，风格飘逸灵动。龙亭的腰部，即底层与中层的连接处一般雕刻双狮戏球图或缠枝牡丹纹。

狮，中国古代深受民间喜爱的瑞兽形象。在中国传统文化中，狮有君子之德，正如南怀仁所著《坤舆图说》中所记载："狮，为百兽王，诸兽见皆匿影。最有情，受人德必报。常时病疟，四日则发一度，病时躁暴猛烈，人不能制，掷以球，则腾跳转弄不息。"于是，狮的形象逐渐具备了"祥瑞"的文化象征意味，成了中华民族具有代表性的文化图腾，而狮子戏球也成了中国传统节庆活动、民间美术及造型等中的典型形象。人们运用想象和象征的手法塑造各式各样的狮的外形特征，或勇猛威严，或生动活泼，以寄托吉祥喜庆、繁荣富强、厄运消散等美好心愿。

牡丹，自古以来被人们视为寓意国家繁荣昌盛、家庭幸福美满的富贵之花。牡丹常常作为典型的中国传统纹样出现在各类织物、器皿等的装饰上，牡丹花型硕大饱满、颜色鲜艳明亮，能够让整体造型风格显得雍容华贵、秀丽端庄。牡丹作为主体装饰纹样时，常与缠枝纹、鸟兽纹等组合出现。

缠枝纹，一般以常青藤、葡萄藤、凌霄花等藤蔓植物为主体，呈线条状向上下、左右、四周延伸，藤蔓以波浪式或围绕式连续缠转、铺排，结合中心的花卉、果实形象，形成花繁叶茂的审美效果，又被称为"万寿藤"，是中国古代传统的吉祥纹样。池州傩龙亭上的缠枝牡丹纹，牡丹国色天香，藤蔓连绵不绝，尽显生机盎然之姿态。

龙亭的上层和中层为了突出"亭"的概念，特意设计了飞翘的屋檐、亭柱、户牖和栏杆等，栏杆柱上雕狮子或莲花，栏杆间为镂空雕刻的缠枝牡丹纹。极具特色的是，龙亭上中两层的八个垂脊的飞檐角上均"咬"着一只螭吻。

螭吻，又名鸱吻、吻兽，是中国古代民间传说中"龙之九子"之一[1]，因其龙头鱼身，又名鱼龙、鳌龙。宋代类书著作《太平御览》中曾记载："唐会要目，汉相梁殿灾后，越巫言：'海中有鱼虬，尾似鸱，激浪即降雨。'遂作其像于尾，以厌火祥。"这里提到的鱼虬即是螭吻。螭吻的形象在中国古代建筑中常被用于居所外部屋脊的装饰，一般呈吞脊状，被认为具有镇宅、镇火、驱鬼、辟邪等民俗文化内涵。

"龙亭"的整体结构完整，布局精巧，装饰华丽，远远看去宛如一座微缩版的宫殿。龙亭中层被称为"龙居"，中央设一"宝座"，各傩村社的主傩（神）面具就放在这里，四周是盘龙立柱，并配以匾额和对联。有些傩村社的龙亭还会在中层空间做出一些别出心裁的设计，例如在主傩（神）面具周围摆放一圈微型神仙塑像，最常见的是中国民间传说中的"八仙"。

八仙，中国古代民间传说中的人物。各朝各代各个地方关于"八仙"的说法均有差异，直到明代通俗小说作家吴元泰作《东游记上洞八仙传》二卷才将这八位神仙的身份确定下来。由于在民间传说故事中常有八仙祝寿的故事情节，"八仙"形象在民间就逐渐成了长生、多寿的象征。

八宝，指"八仙"所持的法器，分别是韩湘子执横笛、蓝采和执花篮、铁拐李执葫芦、曹国舅执阴阳板、何仙姑执莲花、张果老执渔鼓、吕洞宾执宝剑、汉钟离执扇子。这些法器在中国古代民间传说中有修身养性、救济众生、镇邪驱魔、占卜凶吉等作用，能够净化环境，令万物滋生。

各地关于八宝的记载不同，山里姚傩村社龙亭四周雕刻纹饰——八仙对八宝，如图3-2所示。

---

[1]　中国古代民间传说中的龙之九子：囚牛、睚眦、嘲风、蒲牢、狻猊、赑屃、狴犴、负屃、螭吻。

凌镜		莲花
韩湘子		蓝采和

铁拐李		曹国舅
葫芦		法螺

龙亭

何仙姑		张果老
书籍		宝瓶

吕洞宾		汉钟离
艾叶		如意

图 3-2　山里姚傩村社龙亭四周雕刻纹饰——八仙对八宝

　　"龙亭"上层的空间，则是各傩村社发挥创意的空间，也是突出傩村社传统特色之处。有的傩村社将其空置，有的傩村社将其设计成一座小亭子，还有的傩村社将具有本社特色的傩神雕像放入其中，如西华姚傩村社的魁星雕像。在池州大型傩事集会——"青山庙会"中，即可通过所抬"龙亭"上层的不同布置来区分各傩村社的傩事仪仗队伍。

　　"龙亭"亭顶是一个葫芦型木雕，称为宝炉顶。

　　葫芦，谐音"福禄"，在中国历史上是具有广泛而悠久群众基础的吉祥物。池州傩龙亭顶部的葫芦，一般上小下大，中部凹陷，顶部凸起为葫芦嘴，整体造型匀称、饱满，表达了社民们祈求幸福与富足生活的心愿。在傩事活动期间，傩村社还会对龙亭增加一些外部装饰，例如在龙亭的四周栏杆和檐角处挂红灯笼、彩色丝带、风铃等。灯笼、丝带在行进中随风摇荡，风铃发出叮叮当当的声响，被社民们称为"仙乐"。

龙亭使用时在其外制一轿型的木架，并以两根粗木棍①横穿木架，将龙亭整体架起。一般由傩村社中的四位至八位强壮的中青年男性社民抬龙亭，并在行进中随锣鼓节奏上下摆动，以示傩神降临于龙亭中的傩（神）面具之上。

从某种意义上来说，龙亭是傩村社实力的象征，龙亭修饰、装扮得越精美，意味着该傩村社的综合实力越强，在傩事活动中的地位亦越高。

---

① 在当地被称为"龙杠"。

第四篇

傩 伞

伞在池州傩事活动中是独具特色的重要器物。池州傩伞的种类十分丰富，主要有神伞、灯笼（龙）伞、黄龙伞、万民伞、百代伞、孝伞等，这些傩伞在池州傩事活动中的使用场合各有不同，如神伞是池州傩舞《舞伞》和傩仪的重要道具，其余的伞主要作为傩事仪仗队伍的组成部分。除了使用场合外，各类傩伞的造型特点和文化内涵也不同。

神 伞

神伞，又称傩（神）伞，是池州傩舞《舞伞》的主要道具，也是池州傩事仪式的重要祭器。《舞伞》是池州傩事活动"请神"仪式后的首要环节，也是池州傩舞的典型代表。神伞在傩舞中被视为人神沟通的重要工具：在《舞伞》过程中，傩神由神伞降临至人间；傩事活动结束的"送神"仪式中，神伞一般被烧毁，象征着人神通道的关闭，神灵离开人间。所以，神伞被视作贯穿池州傩事活动始末，主导傩事祭祀各环节的重要傩器。

神伞高160～170厘米，伞柄为木制或竹制，以红色纸条或布条包裹，金色纸条或布条间隔装饰；伞柄从伞顶中心穿出，顶端部分以红色、金色纸须或布须做成穗形装饰。伞顶为圆形，半径约31厘米，内外两面均以红色纸或布覆盖，以伞柄为中心，四周的伞顶内外面用黑底色的蝠纹、如意纹装饰。图4-1为伞童舞神伞。

蝠纹。蝠与福同音，且因蝙蝠是可以飞翔的哺乳动物，被赋予了"福从天降"的美好寓意，渐渐成为中国传统文化中可以避凶趋吉、求福运、报吉祥的象征。池州傩神伞在伞顶处装饰蝙蝠，寓意"福到""福至"。蝙

图4-1 伞童舞神伞

蝠纹以流畅的曲线表现出蝙蝠舒展飞翔的姿态，十分生动。

如意纹。如意，又称"爪杖"，是中国传统工艺品。外形由权杖、笏等演变而来，一般以玉石、贵金属、稀有木材、兽骨等制成，原为搔抓之用，后逐渐成为用途广泛的器物，可用于日常防身、军事指挥、礼仪往来、陈设赏玩等。例如，二十四史《南史·韦睿传》中所述："……虽临阵交锋，常缓服乘舆，执竹如意以麾进止……"如意纹的样式主要取自如意的造型，呈对称的心型结构，形似灵芝、花朵和祥云。池州傩神伞顶部的如意纹采用环扣的连续组合形式，表达了人们对于美好生活的无限向往。

池州傩神伞的伞面以彩色纸条或布条多层叠覆构成，纸条或布条一端粘贴固定在圆形伞顶边缘，其余部分自然垂下。纸条或布条约一指宽，48厘米左右长，厚度18～19厘米，色彩缤纷，层层叠覆，纸条或布条上绘有祈求吉祥的图案和祈愿语。装饰图案主要有：龙、鱼、瓶、钱币、铜铃、板栗、如意、万字、竹、梅花、桃花、鹿等；祈愿语多为五谷丰登、喜报、风调雨顺、普天同庆、福寿康宁等。

龙，中国古代神话传说中的"鳞虫之长"，是中华民族的象征。龙与凤凰、麒麟等都是中华民俗传统文化中的神兽、瑞兽，人们认为它们能够上天入地、呼风唤雨，主宰与支配自然，龙及其信仰起源于原始时期的自然崇拜。在悠久的中华民族发展史中，龙的渊源、形象、种类不断延续和发展，其文化内涵也逐渐丰富，逐步形成了多元化的民俗文化观。龙的形象广泛出现在中华民族的人名、地名、物名里，以及各类民间风俗、故事传说和文化理念中，多姿多彩的"龙文化"凸显了带有中国特色的中华传统人文理念与民族精神。池州傩神伞上的龙纹，头似驼、角似鹿、眼似兔、耳似牛、项似蛇、腹似蜃、鳞似鲤、爪似鹰、掌似虎，盘旋于祥云之上，朝着太阳飞去，象征了傩神的无限力量与崇高地位。

鱼，因谐音"余"，成为中国传统节庆习俗中的文化象征，意味着富足、丰满，如"年年有余""家有余庆"等。另外，鱼多卵，是繁殖力较强的动物，在传统民俗文化中被视为"多嗣"的象征，以鱼形象作为节日、祭祀活动中的装饰，表现了人们期望家族兴旺的朴素情感。

瓶，谐音"平"，寓意"平安"，是中国传统的吉祥物与装饰物。池州傩神伞上的瓶中画上了三支戟，是中国明代常见的图案——瓶上三戟，谐音"平升三级"，象征仕途平稳顺利、事业飞黄腾达。

钱币。中国古代的钱币铸造历史源远流长，钱币品种繁多、样式各异。池州傩神伞上的钱币图案为圆形方孔样式，是中国古代钱币中最常见的一种。过去，钱币又被称为泉、布、帛、孔方兄等，除了作为市场流通的货币外，还被人们赋予了人文性的象征意义，例如财富、好运、力量等。在中国许多地方的民间风俗中，重要的节日或场合都要以钱币来祈福纳吉，例如建房、架桥时在地基处抛洒钱币。池州傩神伞上的钱币图案常与铜铃一起出现，几枚钱币由铜铃上的丝带穿过串连起来。

铜铃，本为中国古代乐器中的一种，形似钟，但器型较钟小。铜制，一般为球状或半球状，平口，顶端有桥形钮，中部有铜珠或木珠。因其发出的声音清脆悦耳，常被装饰于车、旗、犬马等上。西周时期礼制著作《周礼·春官》中曾记载："大祭祀鸣铃以应鸡人。"由此可见，铜铃也是中国传统祭祀中的重要器具，用来驱散邪气、避除鬼煞。

板栗，又称"栗子"，谐音"利子"，蕴含着对子孙后代的祝福之意。在中国传统节日中，板栗不仅是香甜味美、营养丰富的食物，还被用于作为祈愿生活、事业顺利的吉祥物，深受人们的喜爱。在池州傩神伞的伞面上，板栗常与如意纹、万字纹一同出现。

万字，即万字纹，又称"万字符""卍字符"，是中国古代典型的传统纹样。"卍"原为中国古代民间信仰中的一种符咒标志，是太阳、光、火等的象征，有吉祥、万福和万寿之意。"卍"字字形归整对称，有循环往复的动态感，在中国古代传统纹样中可以单独使用，也可将其延伸变形而成为其他纹样图案，大多寓意延绵不绝和万福万寿。

竹，在中国传统文化中，被赋予了诸多精神内涵与文化寓意。竹，是速生型草本植物，环境适应能力强，生长速度快。竹叶、竹沥、竹实、竹茹、竹青等都有一定的药用价值，可作为传统烹饪、入药的材料，被人们认为是生命力顽强和长寿安宁的象征。竹子的地上茎为中空木制，正直挺拔，中国古代文人常赞其清丽俊逸、秉性高洁、刚直不阿、虚怀若谷，有君子之风。

池州地区温暖潮湿的气候和丰沛的水源都十分适宜竹生长，池州的大小山坡上都长满了毛竹、金竹、箬竹、观音竹等。初春，人们将幼嫩的竹笋挖出，烹制成可口的佳肴。待竹笋长出成熟，挺拔的竿又成了人们制作各类生活用具、装饰物、工艺品的重要材料。在池州传统民俗文化中，竹象征着长寿平安、节节高升。

梅花，中国特有的传统花卉，在我国已有三千多年的栽培历史。在严寒、凛冽的冬季与初春，梅花一枝独秀，被古往今来的人们赋予了高洁、坚强、谦虚等高贵品格。又因其是一年中最先盛开的花卉，是报春送福的吉庆象征，于是梅花也成了中国传统祭祀活动中的佳品，也用于日常亲友间相互馈赠。

在池州地区还流传着梅花的五片花瓣分别寓意着平安、幸福、长寿、快乐、顺利"五福"的说法。池州傩事活动在新年伊始进行，正是梅花花期，将梅花装饰在傩神伞上既有应时应景之趣，又表达了人们对新春美好生活的祈愿。

桃花，在我国民俗文化与民间信仰中有着重要的意义。桃，不仅是中国古代重要典籍《礼记》中所列的用以祭祀的"五果"之一，而且早在中国古老的神话故事中即有桃木驱鬼的传说。东汉王充所著《论衡·订鬼篇》中曾引："《山海经》又曰：沧海之中，有度朔之山。上有大桃木，其屈蟠三千里，其枝间东北曰鬼门，万鬼所出入也。上有二神人，一曰神荼，一曰郁垒，主阅领万鬼。恶害之鬼，执以苇索，而以食虎。於是黄帝乃作礼以时驱之，立大桃人，门户画神荼、郁垒与虎，悬苇索以御凶魅。"[1]北宋高承也在《事物纪原·桃版》中提道："故今世画神像于板上犹于其下书'右郁垒，左神荼'，元日以置门户间也。"说的是每年农历春节辞旧迎新之际，人们在桃木板上刻写古代神话传说中两位驱鬼神明——"神荼""郁垒"的名字，悬挂、嵌缀或者张贴在门上，寓意消灾祈福，即桃符——中国传统春联的起源。

桃木驱邪纳福的民俗观念由来已久，在中国古代从宫廷到民间皆在节日、祭祀时用桃木祛除邪祟。《礼记·檀弓下》中曾记载："君临臣丧，以巫祝桃茢执戈，（鬼）恶之也。"《太平御览·卷八六》亦引《庄子》云："插桃枝于户，连灰其下。童子入而不畏，而鬼畏之。"

---

① 据说原载于《山海经·海外经》，如今各版本的《山海经》中均无此内容。

池州地区自古便有种植桃树的传统，家家户户的门前屋后都种植着桃树，春暖花开时，满树的深红与浅红，浓淡相错，明媚鲜妍，如云霞一般。每到除夕、清明、中元等传统节日时，人们便折下一截桃枝插在门窗上，驱邪纳吉。池州傩神伞上绘制的桃花，桃枝上点缀着朵朵粉白色的桃花，既是辟邪的习俗传统，又带来了一缕春天的芬芳气息。

鹿，谐音"禄"，在中国传统文化中有寿命、爵位等象征意义。中国民间长久流传的神话传说和民俗故事中，鹿是仙界灵兽，被称作"苍鹿""天鹿"或"玄鹿"，能够散发出五色光辉，常与鹤、灵芝等构成祥瑞的象征。鹿的形象被人们认为能够带来健康、长寿、吉祥和繁荣。禄星，中国传统民间星辰崇拜——福禄寿三星之一。西汉司马迁所撰《史记·天官书》中曾载："斗魁戴匡六星，曰文昌宫：一曰是将，二曰次将，三曰贵相，四曰司命，五曰司中，六曰司禄。"这里的"禄"指的就是文运利禄。池州傩（神）伞上的鹿，采用了谐音借代的手法代替禄星，活泼可爱的形象特色更突显了其吉祥色彩，是池州地区崇拜文才、重视文化这一民俗传统的表现。

神伞伞面的条状形态从内涵上看可能由日晷演化而来。日晷，即太阳的影子，亦特指中国古代利用日影测算时刻的仪器。作为计时仪器，日晷又名"日规"，由晷针和晷座组成，通过太阳照射在晷针上并投影到晷座的影子的不同长度、方向、角度等来计算并划分时刻、月份与节气。池州傩神伞的伞柄象征着晷针，条状伞面象征着日影，条状伞面依据农历平闰年月份差异粘12或13层，一层代表一个月份，一把神伞即是一年岁月时光的表征。

另外，从形式上来看，神伞的伞面形态类似中国古老祭祀仪式舞蹈中的羽葆幢。晋人郭璞在《尔雅·释言》中注曰："今之羽葆幢，舞者所以自蔽翳。"可见羽葆幢即是一种有羽饰的伞。关于这种伞的具体形状，郑玄在《释名》中注曰："《周礼·夏采》职云：'绥，以旄牛尾为之，缀於幢上。'所谓注旄於幢上，节、幢、麾制皆相类，唯以层数别之……"即是将多层的鸟羽、牛尾等固定在伞上，令其自然下垂形成伞盖，与池州傩伞的伞面形态甚至用法、功能等都极为相似。

神伞舞动时，或左右旋转，或上下递送，五彩纸条或布条如霓虹闪耀，象征着日夜穿梭、时光轮转、岁月更迭，神伞伞面上满绘的吉祥图案和祝福语随之舞动纷飞，表达了人们对年年岁岁生活安详的无尽祈盼。

有些傩村社会将制作神伞伞面剩余的彩纸边角料裁制成大小均匀的方块，名为撒金纸（钱）（图4-2）。在傩舞《舞伞》的过程中将其洒向伞顶，任意散落，寓意着财富与福气从天而降。

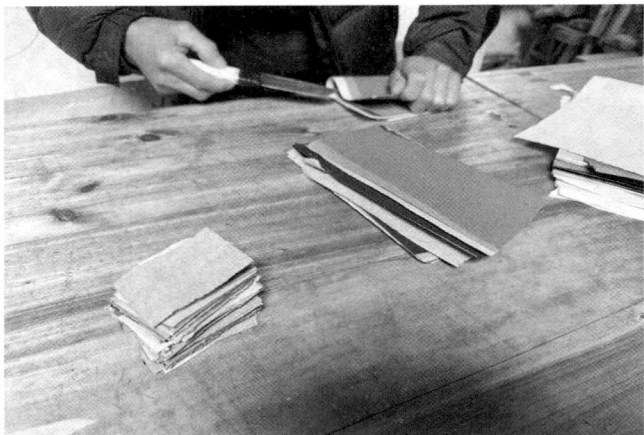

图4-2　制作撒金纸（钱）

灯笼（龙）伞

灯笼伞，顾名思义以灯笼扎制成的伞形傩事器物。灯笼伞，伞柄高约2米，木制，伞柄上部以2根70～80厘米木条横穿而过形成上下2个十字支撑，木条外围以竹篾围成圆形伞骨，伞骨上覆以15厘米左右宽的彩色镂空剪纸装饰，剪纸内容为"风调雨顺""国泰民安"等字样及卍字符、寿字符等符文。伞骨下方均匀悬挂12个红色灯笼，上下两层共24个。

灯笼，又名"灯彩"，是中国传统节庆活动中常见的装饰物。我国灯具的产生最早可追溯至秦以前，西汉时期就已开始出现各类材质与样式的灯。中国古代辞书著作《尔雅·释器》中提道："木豆谓之豆，竹豆谓之笾，瓦豆谓之镫。"这里的"镫"即是早期的灯具，这个时期的灯具作为盛火器物主要由金属、陶、土等材料制成。西汉时期，我国发明了纸，从此纸开始成为灯具的重要制作材料，最典型的代表就是灯笼。以木或竹编织框架，再以纸或帛糊面，便形成了灯笼的基本样式。灯笼较之传统的灯更轻便，也便于携带，室内室外都能应用，且能防风防雨，实用性更强。

灯是火的延续，亦是长久以来人们对于光明、温暖、力量等物质与精神追求的意象表现。于是，灯和灯笼除了能够照明以外，在中国人的生活中渐渐延伸出了许多美好的文化意义。人们在节日庆典中点灯，营造喜庆的氛围；在子女求学时点灯，象征前途的光明；在祭祀仪式上点灯，祈愿民富国强。随着时代发展，灯在人们的现实生活和精神世界中扮演着越来越重要的作用，灯的形式与工艺也越来越丰富。以灯笼为例，从种类上来看，传统的灯笼有提灯、吊灯、宫灯、花灯、走马灯等；从造型上看，灯笼的造型可分为人物、山水、植物、动物等；从装饰工艺上看，绘画、剪纸、刺绣等都使得灯笼的艺术形象更加多彩。

池州傩灯笼伞上的灯笼为竹篾编制，约26厘米高，直径约13厘米，圆柱形，以红色彩纸糊满外层，底部缀一块直径约5厘米左右圆形木板用于固定蜡烛或油灯。灯笼的形状与卵相似，提灯又与"添丁"谐音，灯笼在池州民间习俗中就又成了生育信仰中祈子的象征物。池州傩灯笼伞除了在年末祭祀中使用，平日里当社民家中有新生命平安出生时，傩村社中也会扎起灯笼伞向祖先表达感念之情。

池州傩的灯笼伞，又名灯龙伞，因灯笼点亮后，星星点点，闪耀灵动，在行进时似一条游动的龙而得名。灯笼伞器型较大，点亮后为避免意外燃烧不宜舞动，所以在傩事活动进行期间灯笼伞一般仅摆放在傩村社宗祠的门口，或参与到傩事仪仗的行进队伍中。

寿字纹，中国传统文字纹饰之一。寿，原义为年岁长久，在中国传统文化中有着丰富的文化内涵，这不仅体现了中华民族的敬老传统和孝道文化，亦是人们对于生命久延的共同愿望与追求。寿字纹是人们从艺术性的角度对汉字字形进行的符号化创新，这种创新的意识和做法一直流传于中华民族的文化长河中，被艺术化、符号化的寿字纹样式已有近三百种。池州傩灯笼伞上的剪纸装饰由寿字纹和卍字纹共同构成，寓意"松鹤延年""万寿无疆"。

黄龙伞

黄龙伞是池州傩事活动仪仗队伍的典型器物，伞高约2.1米，伞柄为竹制，以红、黄、绿三色纸条或布条缠覆；伞顶原为竹制圆形框架，现多用铁制，半径约40厘米，中间有十字横梁固定，周围有黄色帷布，帷布以绣纹和穗子装饰。传统的黄龙伞仅以黄色帷布扎制，如今亦有红色、绿色帷布制作的黄龙伞。

黄龙伞上的主体绣纹是龙纹，构图上配合云纹、太阳纹，使得伞面看起来既灵动又华丽。黄龙伞上的龙纹栩栩如生，龙鳞、龙须、龙爪等都是精心绣绘，瑞龙驾着祥云飞向太阳，象征着光明与希望。黄龙伞上部绣有一圈缠枝莲，委婉多姿，优美生动。

缠枝莲，中国传统吉祥纹饰图样，有吉庆连绵的寓意。莲，水生草本花卉，在中国的栽培历史最早可追溯至商周时期。莲花绽放时色彩明艳，风姿优雅绰约，受到人们的广泛喜爱，不仅是民间文化中的"吉花"，而且是中国历代文人们青睐的花卉。人们在生活中栽植莲花、观赏莲花，在诗词曲文中赞誉莲花崇高圣洁的文化品格，在民间节日风俗中以莲花寄托美好愿景。

穗子，又称旒、缨、流苏，是以丝线、羽毛、绒毛等编制而成的禾穗状的中国传统装饰物，常见装饰于床帐、帘角或玉佩、扇子等尾部，装饰后穗子自然下垂，能够随风飘摇荡漾，散发出古典幽雅的韵味。后来，穗子的应用范围逐渐扩大，为中国传统服饰、妆饰提供了设计灵感，例如裙边装饰、步摇、冕旒等；材质也愈加丰富，如金属、玉石、珍珠等。

池州傩黄龙伞与中国古代华盖的形制基本相似，华盖是中国古代车驾上的伞形顶盖，代表着权力与地位。晋崔豹所著《古今注·舆服》中提道："华盖，黄帝所作也，与蚩尤战於涿鹿之野，常有五色云气，金枝玉叶，止於帝上，有花蓓之象，故因而作华盖也。"社民们为了衬托傩神高贵的身份，向傩神表示崇敬之情，便将古代的帝王华盖应用到傩事活动中，作为衬托傩神地位的仪制之一。

万民伞

万民伞，原为中国古代绅民为了颂扬地方官的德政而制作的伞，在功能和作用上类似如今的锦旗。万民伞样式的主要特征是伞面上缀有许多布条，上面书写着赠伞人的姓氏名讳。赠万民伞的做法在清代尤为典型，当地方官离任时，该地的绅民通过赠"万民伞"的方式表示挽留之意，象征着地方官员像伞一样为这一方的百姓遮风挡雨，地方官员收到的"万民伞"越多，越能表示官员得到百姓的认可与爱戴。鲁迅先生曾在《且介亭杂文·说"面子"》中描绘了这一景象："有一国从青岛撤兵的时候，有人以列名于万民伞上为'有面子'。"

池州傩事活动中万民伞的样式，更接近中国传统戏曲舞台上皇帝出巡所用的万民伞，用色彩鲜艳的刺绣绸缎条扎制，伞顶部用红布蒙覆，布上绣有五福吉祥等图案，伞围系飘带，飘带上写有吉祥语。池州傩万民伞代表了社民把傩神视为地方的保护神，表达了社民对傩神的崇敬之情。

百代伞

池州傩百代伞的伞围由用绸缎刺绣而成的莲花瓣状布块连缀而成，形成类似民间信仰文化中的经幡样式，各傩村社百代伞上的莲花瓣均由本宗族的各户社民自制再捐送到宗族，宗族中每新增一位男性成员即由本户捐送一个莲花瓣，百代伞上的莲花瓣越多，越能够表明该宗族人丁兴旺。

孝　伞

池州傩事活动中的孝伞（图4-3）是将中国古代文化中"二十四孝"的24个孝道故事中的人物刺绣在伞的围障上，每把伞上共六幅绣像，一共四把。

图4-3　孝　伞

"二十四孝"孝道文化的起源，普遍认为在元代，元人郭居敬首次将24位古人孝道的故事辑录成书，24人分别是：舜、郯子、老莱、仲由、闵损、曾参、汉文帝、董永、江革、黄香、姜诗、丁兰、郭巨、杨香、蔡顺、陆绩、王裒、孟宗、王祥、吴猛、庾黔、唐夫人、黄庭坚、朱寿昌。郭立志在《新辑二十四孝》序中提道："元郭义祖性至孝，尝集虞舜以下二十四人孝行之概序而诗之，用训童蒙，流行于世，几于家喻户晓。"

孝感动天

[虞] 舜，姓姚，名重华，瞽瞍之子。性至孝。父顽，母嚚，弟象傲。舜耕于历山，象为之耕，鸟为之耘，其孝感如此。尧闻之，使总百揆，事以九男，妻以二女。相尧二十有八载，帝遂让以位焉。

> 队队耕田象，纷纷耘草禽。
>
> 嗣尧登宝位，孝感动天心。

鹿乳奉亲

[周] 郯子，性至孝。父母年老，俱患双眼，思食鹿乳。郯子乃衣鹿皮，去深山，入群鹿之中，取鹿乳供亲。猎者见而欲射之，郯子具以情告，乃免。

> 老亲思鹿乳，身挂鹿毛衣。
>
> 若不高声语，山中带箭归。

戏彩娱亲

[周] 老莱子，至孝。奉二亲，极其甘脆。行年七十，言不称老。常著五彩斑斓之衣，为婴儿戏于亲侧。又尝取水上堂，诈跌卧地，作婴儿啼，以娱亲意。

> 戏舞学骄痴，春风动彩衣。
>
> 双亲开口笑，喜色满庭闹。

为亲负米

[周] 仲由，字子路。家贫，常食藜藿之食，为亲负米百里之外。亲殁，南游于楚，从车百乘，积粟万钟，累茵而坐，列鼎而食。乃叹曰："虽欲食藜藿，为亲负米，不可得也。"

> 负米供旨甘，宁辞百里遥。
>
> 身荣亲已殁，犹念旧劬劳。

单衣顺母

[周] 闵损，字子骞。早丧母，父娶后母，生二子，衣以棉絮，妒损，衣以芦花。父令损御车，体寒失纫，父察知故，欲出后母。损曰："母在一子寒，母去三子单。"母闻悔改。

闵氏有贤郎，何曾怨晚娘。

父前留母在，三子免风霜。

啮指心痛

[周] 曾参，字子舆，事母至孝。参尝采薪山中，家有客至，母无措，望参不还，乃啮其指。参忽心痛，负薪以归，跪问其母。母曰："有急客至，吾啮指以悟汝耳。"

母指才方啮，儿心痛不禁。

负薪归未晚，骨肉至情深。

亲尝汤药

[前汉] 文帝，名恒，高祖第三子。初封代王，生母薄太后，帝奉养无怠。母病三年，帝为之目不交睫，衣不解带，汤药非口亲尝，弗进。仁孝闻天下。

仁孝临天下，巍巍冠百王。

莫庭事贤母，汤药必亲尝。

卖身葬父

[汉] 董永家贫，父死，卖身贷钱而葬。及去偿工，路遇一妇，求为永妻。俱至主家，令织缣三百匹，乃回。一月完成，归至槐阴会所，遂辞永而去。

葬父将身卖，仙姬陌上迎。

织缣偿债主，孝感动天庭。

行佣供母

[后汉] 江革，少失父，独与母居。遭乱，负母逃难。数遇贼，或欲劫将去，革辄泣告有老母在，贼不忍杀。转客下邳，贫穷裸跣，行佣供母。母便身之物，莫不毕给。

负母逃危难，穷途贼犯频。

哀求俱得免，佣力以供亲。

扇枕温衾

［后汉］黄香，年九岁失母，思慕惟切，乡人称其孝。躬执勤苦，事父至孝。夏天暑热，扇凉其枕簟；冬天寒冷，以身暖其被席。太守刘护表而异之。

冬月温衾暖，炎天扇枕凉。

儿童知子职，千古一黄香。

涌泉跃鲤

［汉］姜诗，事母至孝，妻庞氏，奉姑尤谨。母性好饮江水，去舍六七里，妻出汲以奉之；又嗜鱼脍，夫妻常作；又不能独食，召邻母共食。舍侧忽有涌泉，味如江水，日跃双鲤，取以供之。

舍侧甘泉出，一朝双鲤鱼。

子能知事母，妇更孝于姑。

刻木事亲

［汉］丁兰，幼丧父母，未得奉养，而思念劬劳之恩，刻木为像，事之如生。其妻久而不敬，以针戏刺其指，血出。木像见兰，眼中垂泪。问得其情，遂将妻弃之。

刻木为父母，形容在日身。

寄言诸子女，及早孝双亲。

为母埋儿

［汉］郭巨，家贫，有子三岁，母减食与之。巨谓妻曰："贫乏不能供母，子又分母之食，盍埋此子？子可再有，母不可复得。"妻不敢违。巨遂掘坑三尺余，忽见黄金一釜，上云："天赐孝子郭巨，官不得夺，民不得取。"

郭巨思供给，埋儿愿母存。

黄金天所赐，光彩耀寒门。

扼虎救父

［晋］杨香，年十四岁，常随父丰往田获粟，父为虎曳去。时香手无寸铁，惟知有父而不知有身，踊跃向前，扼持虎颈，虎亦靡然而逝。父才得免于害。

深山逢白额，努力搏腥风。

父子俱无恙，脱身馋口中。

拾葚供亲

[汉] 蔡顺，少孤，事母至孝。遭王莽乱，岁荒不给，拾桑葚，以异器盛之。赤眉贼见而问之，顺曰："黑者奉母，赤者自食。"贼悯其孝，以白米二斗、牛蹄一只与之。

黑葚奉萱帏，啼饥泪满衣。

赤眉知孝顺，牛米赠君归。

怀橘遗亲

[后汉] 陆绩，年六岁，于九江见袁术。术出橘待之，绩怀橘二枚。及归拜辞，堕地。术曰："陆郎作宾客而怀橘乎？"绩跪答曰："吾母性之所爱，欲归以遗母。"术大奇之。

孝顺皆天性，人间六岁儿。

袖中怀绿橘，遗母事堪奇。

闻雷泣墓

[魏] 王裒，事母至孝。母存日，性怕雷，既卒，殡葬于山林。每遇风雨，闻阿香响震之声，即奔至墓所，拜泣告曰："裒在此，母勿惧。"

慈母怕闻雷，冰魂宿夜台。

阿香时一震，到墓绕千回。

哭竹生笋

[晋] 孟宗，少丧父，母老病笃，冬月思笋煮羹食。宗无计可得，乃往竹林中，抱竹而泣。孝感天地，须臾地裂，出笋数茎，持归作羹奉母。食毕，疾愈。

泪滴朔风寒，萧萧竹数竿。

须臾冬笋出，天意报平安。

卧冰求鲤

[晋] 王祥，字休徵。早丧母。继母朱氏不慈，父前数谮之，由是失爱于父。母欲食生鱼，时天寒冰冻，祥解衣卧冰求之，冰忽自解，双鲤跃出，持归供母。

继母人间有，王祥天下无。

至今河冰上，一片卧冰模。

乳姑不怠

[唐] 崔南山，曾祖母长孙夫人，年高无齿。祖母唐夫人，每日栉洗，升堂乳其姑。姑不粒食，数年而康。一日病笃，长幼咸集，乃宣言曰："无以报新妇恩，愿汝子孙妇亦如新妇孝敬足矣。"

孝敬崔家妇，乳姑晨盥梳。

此恩无以报，愿得子孙如。

恣蚊饱血

[晋] 吴孟，年八岁，事亲至孝。家贫，榻无帏帐，每夏夜，蚊多攒肤，恣渠膏血之饱，虽多不驱之，恐去己而噬亲也。爱亲之心至矣。

夏夜无帏帐，蚊多不敢挥。

恣渠膏血饱，免使入亲帏。

尝粪忧心

[南齐] 庾黔娄，为孱陵令，到县未旬日，忽心惊汗流，即弃官归。时父疾始二日，医曰："欲知瘥剧，但尝粪苦则佳。"黔娄尝之甜，心甚忧之。至夕，稽颡北辰，求以身代父死。

到县未旬日，椿庭遘疾深。

愿将身代死，北望起忧心。

涤亲溺器

[宋] 黄庭坚，元祐中为太史。性至孝，身虽贵显，奉母尽诚。每夕，亲自为母涤溺器，未尝一刻不供子职。

贵显闻天下，平生事孝亲。

亲自涤溺器，不用婢妾人。

弃官寻母

[宋] 朱寿昌，年七岁，生母刘氏为嫡母所妒，出嫁。母子不相见者五十年。神宗朝，弃官入秦，与家人诀誓："不见母不复还"。后行次同州，得之。时母七十余矣。

七岁离生母，参商五十年。

一朝相见面，喜气动皇天。

孝道文化是中国民间传统文化中常见的伦理题材，各朝各代的"二十四孝"图、文作品也是中国民间传统孝义图画、故事中的典型代表，充分体现了中华民族传统宗法制度和思想。

晚清文学家王永彬所著《围炉夜话》中所说的"百善孝为先"的思想在中华民族源远流长的历史传统中具有相当重要的地位与意义。中国社会以亲子、血缘关系为基本结构，看中家族繁衍，孝道始终是中华民族传统宗族文化中的核心内容，池州傩器中的"孝伞"充分体现了这一思想和池州地区傩祭、祖祭中的"孝义"文化传统。

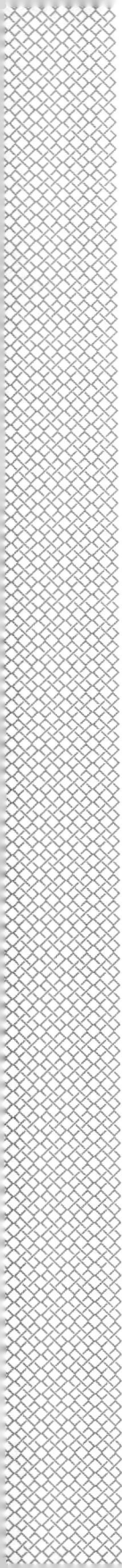

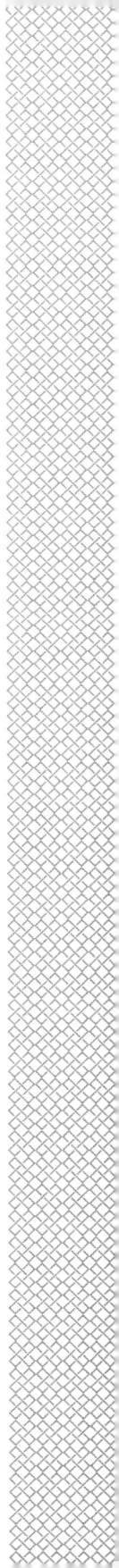

第五篇

儺儀仗器物

彩　旗

在祭祀仪式、葬礼等场合中使用旗是中华民族的古老传统，如古代祭祀舞蹈羽舞中所使用的翿，即是以鸟羽、绸布制成的旗，如《诗经·王风·君子阳阳》中所述：

君子阳阳，左执簧，右招我由房。其乐只且！
君子陶陶，左执翿，右招我由敖。其乐只且！

彩旗是池州傩事仪仗中的典型器物。池州傩彩旗2.3～2.4米高，旗杆为竹制，以红、黄、绿三色纸条或布条缠覆；旗面为布制，形状以三角形居多，边长123～184厘米，常见颜色有红色、绿色、黑色等，黄色镶边，旗面绘有云龙纹；旗顶端系有黄色飘带。

池州傩彩旗上的云龙纹以龙纹为主①，云纹为辅，是龙旗的一种。彩旗上的龙，形象逼真，头部扁长，双眉如火焰状，龙须、毛发扬起，背鳍整齐密布，有飘逸灵动的神韵。云龙纹作为典型的中国传统纹样，始见于唐宋时期，而后各个时期的云龙纹在色彩、构图上都有变化与革新，池州傩彩旗的云龙纹在艺术特色上更加贴近明清时期各类装饰的美术技法。

旗，又称旗帜，指用布或纸等材料制成的标志物。一般来说，旗上的文字或图案往往是某种标记、象征物或图腾，显示与传递着旗帜所有者的身份。旗帜是中国古代战争、祭典等场合中的常见仪仗器物，《史记·五帝本纪》中曾记载："轩辕乃修德振兵，治五气，蓻五种，抚万民，度四方，教熊罴貔貅貙虎，以与炎帝战于阪泉之野。"龙旗，中国古代天子、诸侯等统治阶级所专用的旗帜，是身份与地位的象征，常见于册封、祭祀、阅兵等重要典礼或仪式上。

清道旗，如图5-1所示。

---

① 过去，池州傩仪仗彩旗也绣蜈蚣、飞虎等形象，但如今主要以龙为主。

图5—1　清道旗

喝道板

　　池州傩喝道板高约1.7米，由一根木棍和固定于木棍上部的木板构成，板长约57厘米，宽约40厘米。样式主要有两种：一种木棍漆成深棕色，木板以白色为底色，上部有龙头图案，怒目圆睁，呈狰狞凶猛之状，下书回避、肃静等字样；另一种则是通体深棕色，木板上以金色颜料书"傩神大会"四字。喝道板使用时，一般处于队伍的前端，需配合鸣锣、鞭炮等，形成震慑、喝退之势。

　　喝道板，源自中国古代明清时期官员出行时仪仗队伍中用于"清道"和管制交通的器物。因喝道板在使用时总是以双数出现，两两互为一对，又称"对牌"。在中国传统文化中，双数的对偶含义具有和谐、对称、完满的寓意，这样的观念深入到生活的方方面面，尤其节日风俗中的各类器物更是以此为重要的数量标准及使用原则。池州傩事仪仗队伍中，除了喝道板以外，黄龙伞、彩旗等亦是如此，称为"对伞""对旗"。

喝道板与仪卫兵器，如图 5-2 所示。

仪卫兵器

池州傩仪仗中的仪卫兵器主要有戟、斧、瓜锤、矛、长枪等。这些仪卫兵器都是木制，高度一致，约1.95米；形制也相似，均有木制长棍，仅在棍顶的兵器器型上有区别。长杆髹深褐色漆，兵器本身髹金色或白色漆，模拟金属质感。

戟，中国传统格斗与仪仗兵器。据《说文解字》记载："戟，有枝兵也。"指的是戟的形状是在戈的基础上增置了矛形尖刺，使得戟在使用时不仅可以勾啄、横击，还能够直刺，用

图5-2　喝道板与仪卫兵器

法和效果上相较于戈和矛都得到了提升。池州傩仪仗中的戟通体木制，有单戟和双戟两种。

斧，中国传统的社会生产工具，多用于砍削，后发展为兵器，是军权和统治权的一种象征。东汉刘熙所著《释名·释用器》中曾记载："斧，甫也，甫，始也。凡将制器，始用斧伐木，已乃制之也。"池州傩仪仗中的斧为钺斧，是中国传统的圆刃大刀形斧。钺，形状似斧，但器型比斧大，圆刃，是我国典型的古代兵器和仪仗礼器。《史记·殷本纪》中曾载："汤乃兴师率诸侯，伊尹从汤，汤自把钺以伐昆吾，遂伐桀。"在明代小说《梼杌闲评》中亦有"碧汉中百十队翔鸾振羽，黄旌白钺"的描述。

瓜锤，又名"立瓜""卧瓜"，锤形似瓜而得名。瓜锤与斧皆是中国古代仪仗中的典型仪卫兵器，如晚清文学家李伯元所著长篇小说《官场现形记》第六回"急张罗州官接巡抚　少训练副将降都司"中所述："后面方

是钦差阅兵大臣的执事，什么冲锋旗，帅字旗……金瓜钺斧。"池州傩仪仗中的瓜锤为金色瓜体，红色瓜蒂。

矛，我国古代长柄兵器和祭祀礼器。《礼记·曲礼》中曾载："进剑者左首。进戈者前其镈，后其刃。进矛戟者前其镦。进几杖者拂之。"池州傩仪仗中的矛为长形片状矛头，为保障安全，矛头边缘制作得较圆润。

长枪，外形与矛相似，是我国传统长杆尖头兵器，主要用于车战和马战。池州傩仪仗中的长枪枪头为单头菱形，枪头与枪杆间有红色枪缨装饰。

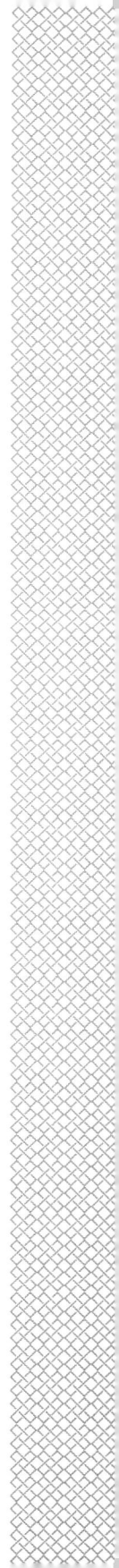

第六篇 傩舞器物

古老钱

古老钱，顾名思义，时代久远的钱币，是池州傩舞《舞古老钱》中的主要道具。宋代朱翌所著《猗觉寮杂记·卷下》中曾记载："汉晋人葬多瘗钱……今之五铢，世谓之'古老钱'，皆汉所瘗者。"池州傩事器物中的古老钱即是仿汉代古老钱样式制作的。池州傩古老钱为圆形，中有方孔，直径约36厘米，厚度约1厘米，是池州傩事活动中的吉祥信物。池州傩事器物古老钱常见木制和竹编两种样式。

木制古老钱以杨木板或柳木板制成钱币状，表面刷暗红色漆，钱币双面刻三角样式回字暗纹，方孔四周书"国泰民安""风调雨顺"等金色字样。竹编古老钱以竹篾编制成钱币的圆形与方孔结构，或大圆中心排列四个小圆结构，中部镂空，相较于木制古老钱更加简约轻便。

回字纹，因其形状类似汉字"回"而得名，是历史悠久的中国传统装饰纹样，在我国新石器时代的彩陶器和商周时期的青铜器装饰上就已十分流行。起初，回字纹一般由单体回字纹间断排列。约西周时期起，装饰图案中的回字纹便出现了多种变形样式，如曲折形、勾连形、波浪形、三角形等。进入明朝后，回字纹发展出正反相连和一笔环连的新样式。池州傩古老钱上的回字暗纹即是一笔环连式。回字纹简朴凝练、简约委婉，使得池州傩古老钱展现出古朴庄重的艺术特色。

球 灯

球灯，亦作"滚灯"，为池州傩舞《二郎神舞滚灯》的道具，一般由9根宽约1～1.5厘米的竹篾编织成的2～3个镂空球体，球体之间以同轴心相嵌套而成。最外层大球体直径约76厘米，最内层小球体直径约51厘米，小球体位于大球中心，球体之间以铁丝或绳相连。小球体中心以铁丝缠绕成用以固定蜡烛或油灯的圆环状容器，大球体外围贴边长约37厘米的三角形红色纸片，纸片上书写"风调雨顺"等吉祥语。

球灯中心的圆环状容器类似"常平架"，巧妙利用了陀螺仪的万向支架原理和重力作用，使得球灯在翻滚、舞动时，中心圆环容器始终能够保持水平方向上的相对平衡，不致内容物倾覆而出。

高跷马和踩地马

池州傩舞《花关索战鲍三娘》中的重要道具是高跷马，由木高跷和竹马组成。高跷，脚踩木跷表演的中国传统舞蹈，因木跷高1~2米，踩在木跷上的舞者远远高出人群，取名高跷。高跷技艺在我国先秦时期的史料中就有记载，《列子·说符》："宋有兰子者，以枝干宋元。宋元台而使见其枝。以双枝长信其身，属其胫，并趋并驰，并七剑迭而跃之，五剑常在空中，元君大惊，立赐金帛。"后逐渐发展为民间杂耍、歌舞等娱乐形式。

池州傩舞中的高跷一般选用木质较坚硬的木料制成扁棍形状，漆成棕红色，总高约1.7米。在高跷上部垂直拼接一块踏板，踏高约1.25米，使用时用麻绳将脚部捆扎固定于木跷上。高跷舞蹈技巧性强，难度大，舞蹈时往往结合杂耍、武术等技艺表演，观赏度高，深受人们的喜爱。

竹马既是高跷马道具组合的一部分，也是傩舞演员的服饰元素。用竹篾编制成无底竹筐形状的马身部分，外部以彩色绒布覆盖。马头有两种制

图6—1 高跷马

图6-2 踩地马

法：其一，将马身同色绒布裁制成马头，内部填充棉花，固定在马身上；其二，将一截短木雕刻成马头形状，外套与马身同色绒布。马头绒布外部绣上马的五官与缰绳，缝上鬃毛，竹马即制作完成，佩戴时以两根布条或绳子绑在身上即可。舞蹈时，社民双脚蹬在高跷上，身着戏服，跨上栩栩如生的竹马，手上挥舞着马鞭、刀、戟与长枪，配合锣鼓与鞭炮，场面十分热闹。

踩地马（图6-2）与高跷马所使用的竹马道具完全相同，区别在于舞蹈方式——"踩地"或"高跷"，踩地马即舞蹈者穿戴竹马道具但不踩高跷，双脚着地进行表演的傩舞形式。

傩舞兵器

池州部分傩舞中，因社民扮演武将角色的需要，需手持兵器进行舞蹈，这些兵器道具要么来源于历史人物在传说中所用兵器的仿制[①]，要么

---

① 一般为木制。

是借鉴了戏曲中所使用的兵器道具，主要有：长柄刀、剑、棒和鞭等。

长柄刀，中国传统单刃刀类兵器的一种。长柄刀的握柄较一般刀更长，类似于枪矛，刀身也更长、更宽厚。在池州傩舞《花关索战鲍三娘》中，花关索使用的兵器道具即是长柄刀。池州傩舞中使用的长柄刀刀柄为木制，刀身为木片、竹片或塑料制成，在舞蹈过程中能够令舞者安全、轻便地完成舞蹈动作。

剑，中国传统双刃兵器，尖头直身，被称为"百兵之君"。剑，一般由剑身、剑柄、剑鞘三部分组成。剑身尖端十分锋利，中线凸起为脊，脊两侧开刃；剑柄常见圆形、扁形两种样式，稍长于手掌，便于握持；剑鞘又称剑室，使用时可以保护剑身，也使剑便于随身佩戴。剑的制造与使用在我国有着悠久的历史，历朝历代的剑在形制上也有诸多变化，更是产出了不少名品，如唐代徐坚所撰《初学记·武部·剑》中曾记载："其後楚有龙泉，秦有太阿、工布，吴有干将、镆铘、属镂，越有纯钧、湛卢、豪曹、鱼肠、巨阙诸剑。"

在中国传统文化中，剑不仅是一种兵器，而且是身份与地位的象征和重要的个人装饰品。唐魏征所编史书《隋书·礼仪志》中曾载："一品，玉器剑，佩山玄玉。二品，金装剑，佩水苍玉。三品及开国子男，五等散品名号侯虽四、五品，并银装剑，佩水苍玉，侍中已下，通直郎已上，陪位则象剑。带直剑者，入宗庙及升殿，若在仗内，皆解剑。"作为贵族阶层个人装饰的佩剑往往都较精致，于剑鞘、剑柄上镶嵌各类名贵玉石、宝物，便是后世所称的"宝剑"。

由于剑舞动时自由灵活，杀伤力强，在民间信仰和祭祀仪式中便成了可以降妖伏魔的法器。除此以外，剑还是中国古代传统歌舞、"百戏"技艺中的重要道具。例如剑舞，即是典型的剑术与舞蹈相融合的中国传统艺术，杜甫曾在《观公孙大娘弟子舞剑器行》描述了唐代著名舞者公孙大娘弟子李十二娘出神入化的剑舞舞技："霍如羿射九日落，矫如群帝骖龙翔。来如雷霆收震怒，罢如江海凝清光。"明人唐顺之也在《武编》中记载道："宋太宗幸太原城西，督诸将麾兵发机石攻城。初，帝选诸军勇士数百人，教以剑舞，皆能掷剑空中，跃其身，左右承之，妙绝无比。"

池州傩舞《钟馗捉小鬼》中钟馗所使用的剑，又名单剑。以竹、木、塑料、铜、铁等材料镀铬制成。剑身窄长，剑脊两侧为刃，刃口较钝，剑头尖削，剑柄末端悬挂红色剑穗，剑鞘上有红色、金色的仿宝剑装饰。而傩舞《花关索战鲍三娘》中鲍三娘所使用的是双股剑，较单剑轻、窄，更符合鲍三娘的人物形象。

棒，中国传统的社会生产工具，后发展为手持棍类无刃兵器，有"百兵之长"之称。池州傩舞中的棒，长度约2米，以白蜡木或竹制成，棒身以红色或彩色布条缠覆，棒身一端较粗、一端较细，粗端为手握处。

鞭。池州傩舞中使用的鞭主要有两种：九节鞭、马鞭。九节鞭是池州傩舞《舞财神》中的道具。池州傩中的九节鞭与中国传统武术器械九节鞭有很大不同，呈棍形，整体样式类似宝塔，除鞭把外鞭身处共九节，木质，通常漆成黑色，使用时系红色布条。

池州傩舞中的马鞭借鉴了戏曲马鞭的形式，以鞭代马，马鞭既是道具，也是装饰，更是舞蹈科介的一部分。舞者挥动手中的马鞭，配合身体的起伏律动，即可形象地表现出马匹的奔腾飞跃。池州傩舞中的马鞭，总长约95厘米，握杆长约15厘米，鞭杆为木制、竹制或藤制，杆上以彩色布条缠覆，并均匀排布着3簇或5簇同色穗子。使用时，舞者一般选用与所穿戴的高跷马在颜色上相同或相近的马鞭，保持整体色彩在视觉上的统一性。

墨斗与朱笔

池州傩舞《魁星点斗》[①]中魁星手持的道具是墨斗与朱笔。魁星是中国民间神话传说中主宰文运的神明，在中国古代儒生学士心目中具有崇高地位，是重要的民间星宿信仰之一。中国古代民间传说中，魁星手中的朱笔蘸取墨斗中的墨，专门用来点选中榜者的姓名。池州傩舞中的朱笔与墨斗颜色搭配鲜艳夺目，朱笔为木制笔状细圆柱体器型，笔尖髹红色漆，笔末端髹绿色漆；墨斗为木制沙漏状双斗器型，通体红色，上半部以绿色绸布缠绕。

---

① 又名《跳魁星》。

酒壶与酒杯

池州傩舞《舞回回》（图6-3），又名《回回饮酒舞》，主要内容是两位戴回回（胡人）面具的舞者饮酒和祝酒，主要道具即是酒壶与酒杯。该傩舞中的酒壶与酒杯原为陶瓷制的仿古酒器，但由于陶瓷易碎，保管不易，目前大部分傩村社中所使用的酒壶与酒杯已不是旧物，类型与样式也难以统一，大部分与如今人们生活中常用的酒壶与酒杯无异。

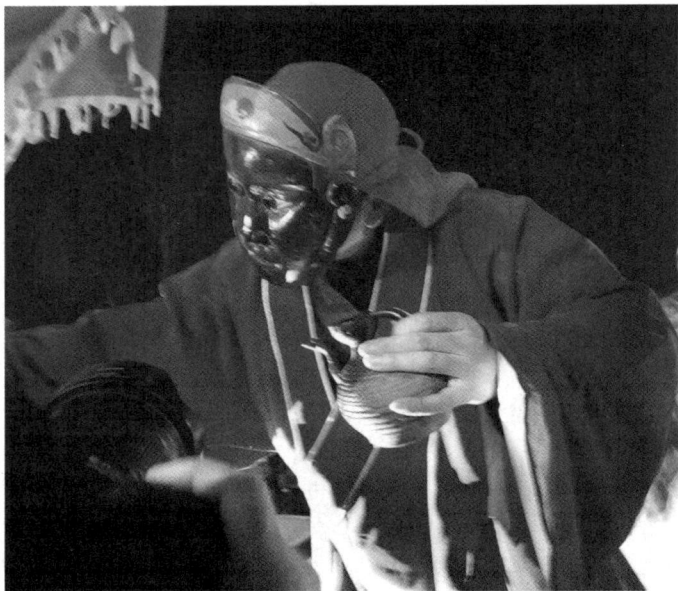

图6-3　池州傩舞《舞回回》

木鸟与弓箭

池州傩舞《打赤鸟》（图6-4）中所使用的主要道具是木鸟与弓箭。池州傩木鸟高约35厘米，呈展翅状，尾羽翘起，通体白色，翅膀上有棕色纹路，鸟嘴为赤红色，身披红色绸布，形象生动。较有特色的是池州傩木鸟的爪部，有些傩村社为了方便舞者持握将木鸟的爪去除，而是在爪的部位设计一半的圆形握环。舞蹈时持鸟的舞者执木鸟置于胸前进行舞蹈。

该傩舞中的打鸟人执弓箭道具。池州傩弓箭与中国传统弓箭基本类似，但所使用的箭为木箭，箭头与箭身皆为木制，箭头漆成金色，舞蹈时弓弦并不拉满，木箭亦不射出，仅作为舞蹈动作的辅助工具。

图6-4　池州傩舞《打赤鸟》

第七篇

傩事乐器

池州傩作为池州地区的民间祭礼活动，充分保留了中国传统的民俗音乐特征；兼之池州傩戏的唱腔主要受到高腔、本土青阳腔等影响，承袭了徒歌、帮腔和滚调等形式，无丝竹伴奏，而以金鼓击打节拍，以及爆竹烟花之声，形成了喧闹器杂的热烈氛围。池州傩事活动中常用的乐器主要是中国传统打击乐器，如大锣、筛金、小锣、铙钹、堂鼓、板鼓、扎板等。锣鼓的节奏主要起到过门、启腔、托腔和配合动作等辅助作用。

锣，中国传统金属打击乐器。锣身一般以铜制成圆盘形且一面凸起的弧面，演奏时用木制锣槌敲击凸起面的中央部位，使锣身充分振动而发出响亮、激越的声音，且余音悠长、持久。

池州傩事活动中使用的锣主要有：低音锣、中音锣、开道锣、开锣，直径28至59厘米不等。除开道锣外，其余小型锣均不设锣架，在锣边钻孔，以红绸或麻绳系住上半部分，演奏者一手将锣提起，另一手执木槌击奏。

钹，又称"铜钹""铜盘"，是中国传统金属打击乐器。钹由两块圆形帽状铜片构成，演奏时两片钹相擦或相击发出洪亮的声音，常常与锣搭配使用。锣和钹的声音响亮，是中国传统民间乐队中的重要角色，是传统民俗活动如节日集会、劳动竞赛、婚丧嫁娶等中不可缺少的乐器，具有独特的中华民族的宏壮气度与东方神韵。

鼓，中国传统槌击膜鸣乐器，是古时重要的祭祀器物。因其腔体丰满，共鸣充分，发出的声音激越雄壮，且穿透力强，亦成为古时战场上的重要器物。除此以外，中国传统乐舞、曲艺、戏剧、赛船舞狮、喜庆集会、劳动竞赛等民俗活动中都离不开鼓这一打击乐器。

池州傩事活动中常见的鼓主要有两种：堂鼓和单皮鼓。堂鼓鼓形为圆柱体，直径一般32~40厘米，主体是木制鼓腔，上下口以牛皮或猪皮蒙住鼓腔，形成鼓膜，演奏时以两根约35厘米长的木制鼓棒敲击鼓膜，使鼓膜振动，发出的声音浑圆醇厚，主要用于傩仪。堂鼓演奏时或置于鼓架上，或夹于鼓手腿间，或由2~4人抬起。单皮鼓器型较堂鼓小，直径约20厘米，演奏时用的是约25厘米长的竹制细鼓键，主要用于傩戏中配合板共同击打节奏。

扎板，因古时常以檀木制作，又称"檀板"。板一般由三块木板（又称前、中、后扇）组成，每块木板中部有两孔，以绳穿入其中，将三块木板连成一体。演奏时，将板扣于手指上，摇动手腕令三块木板互相击打，发出清脆响亮的声音。

"锣鼓"是池州傩事活动中的主要乐器，亦是池州民间各类民俗音乐中的主角。2010年，池州"酉华唱经锣鼓"被列入安徽省第三批非物质文化遗产（曲艺类）项目名录；2017年，池州"杜村十番锣鼓"被列入安徽省第五批非物质文化遗产（传统音乐类）项目名录。在这些具有代表性的池州地区民间艺术活动的音乐中，都少不了皮鼓、铜锣、铙钹、云板、响板等中国传统打击乐器的身影，充分展现了池州民间音乐古朴、粗犷、热烈的艺术感染力。

第八篇

傩事场所及祭祀用品

宗　祠

宗祠，又称祖祠、祠堂，是中国传统文化中供奉祖先、先贤或神主牌位并举行祭祀活动的场所。中国民间设家族宗祠的传统最早大约可追溯至唐代末年，明时尤盛，一般建于宗族聚居处附近的风水俱佳处。民间家族宗祠的功能除了供奉与祭祀外，也作为平日里族亲商议重要宗族事务的场所，以及为宗族子孙举办婚、丧、寿、喜等重要活动。家族宗祠作为宗族的重要礼仪、社交场所，是宗族实力的象征，往往高大的厅堂、精美的装饰和受封、受奖的牌匾、石碑等物品等都彰显了宗族的显赫影响力。

在中国传统文化，尤其是儒家文化中，宗祠文化是宗族文化的重要组成部分，体现了家族成员"追远""报本"的思想与愿望。家族子孙在宗祠中修编宗谱族谱，缅怀、纪念先祖的功德功绩，学习、传承家训家风，有着传递生命、促进协作、激励后世的重要社会意义。

池州傩事活动的场所以各傩村社的家族宗祠为核心。目前，池州地区完整留存下来供傩事活动的宗祠建筑中，年代最久远的是位于池州市贵池区棠溪镇石门村的石门高氏宗祠，该建筑原为唐代学堂，明代扩建，后作为此地高姓家族的宗祠。其余的池州傩事宗祠大部分是明清至民国时期始建的建筑，例如：位于池州市贵池区梅街镇和平村的太和章氏宗祠、姚街村的荡里姚氏宗祠（图8-1）、刘街社区南山刘氏宗祠等（图8-2）。

宗祠建筑的选址与建造讲究自然条件与人文风水。池州地处长江沿岸，属于暖湿性亚热带季风气候，全年大部分时间里气候温暖、雨量充足。且池州傩事活动较兴盛的东南部地区是皖南山区的组成部分，丘陵地貌多，河湖交错。所以，池州傩事宗祠大多选址于地势较高处，避开溪流，防止潮湿与蚊虫侵扰。有些宗祠甚至直接建在山坡上，房屋地基依山势地形升高而逐渐增高。

池州傩事宗祠的建筑风格大多属于典型的皖南建筑流派。宗祠正门前设广场，广场上建有旗鼓石、古代诗文碑刻等。宗祠主体建筑基本上均是坐北朝南的抬梁式砖木结构，以数十根粗壮的木柱衬托梁枋，柱基为圆柱形、六面形或八面形的青石（图8-3），柱上架梁，梁上穿枋（图8-4），屋顶覆盖皖南特有的青黛色小瓦。墙基以青石垒就，传统地面为黄土、石

图8—1 姚氏宗祠

图8—2 刘氏宗祠

图8-3 宗祠柱石

图8-4 宗祠梁枋

灰掺入糯米汁夯筑，经现代翻修的地面大多为水泥与混凝土等建筑材料浇筑。

池州傩事宗祠常见为3～5进，各进之间建有长方形天井，用以采光与引水。池州各傩村社的宗祠规模大小不一，总占地面积500～900平方米不等，但内部结构大体相似，正中位置一般为门厅、中厅，厅两侧为厢房，宗祠内一般设简易阁楼，用来保管傩事器物。

池州傩事宗祠中的木雕、石雕、砖雕（图8-5）装饰十分精美，广泛采用了浮雕、镂空等雕刻技法。月梁、雀替、斗拱、格栅等上均有雕刻图案，多为民间传说与历史故事中的人物，或带有吉祥寓意的动植物形象。柱石上也精雕细琢，较常见的是缠枝花纹，或"喜鹊登梅""鲤鱼跳龙门""双凤朝阳""松竹梅山""龙凤呈祥"等吉祥图案，层次分明、造型生动、栩栩如生。

在每年进行傩事活动前，社民们都会将宗祠打扫、装饰一番。挂上红色的绸布、红灯笼（图8-6）和宫灯、红烛，绸布、灯笼、宫灯与红烛装

图8-5　木雕和石雕

图8-6　宗祠灯笼

饰一般均为双数，位置上一一对称。傩事活动进行期间，在灯笼与红烛的光影下，映射着红色绸布的光芒，使得整个宗祠内红光满布，华彩斐然，在当地称为"灯彩"。过去，宗祠中的主要照明器物即是红烛，后来有了油灯、汽灯等，如今部分傩村社的宗祠中已安装了射灯，让夜晚的傩仪与傩戏进行得更加方便、安全。红烛烛架，如图8-7所示。

红色是池州傩事活动中的主色调，从宗祠、器物的装饰到社民穿戴的服饰总是红彤彤的，热烈张扬的色调将傩事活动渲染出吉庆祥和的氛围。红色自古便是中国传统祭祀活动中的重要颜色，《礼记·檀弓上》中曾记载："周人尚赤，大事敛用日出，戎事乘骝，牲用骍。"其中指出周朝时祭祀用赤色，即红色的马和牛作为祭品。在中国传统文化中，红色象征着光明、温暖、力量，池州傩事活动中大量红色的应用充分体现了民间俗文化的色彩观。

图8-7 红烛烛架

宗祠正厅摆放龙案，龙案背后的墙或板壁上挂纸匾、横幅与纸挂屏，纸匾或横幅上一般是"庆新春""傩神大会""乡人衍庆"等内容。较有特色的是宗祠木柱上贴的楹联，楹联一般由村社中德高望重的长者书写，具有自然淳朴、通俗晓畅的文学风格。楹联内容多为对族风家训的宣扬或对宗族先祖的感怀之情。例如：

福田宗祖种　心地子孙耕

千枝归一本　万派总同源

美名常开乾坤在　美德永随天地存

绳其祖武推耕读　贻厥孙谋任俭勤

雅言不外诗书礼　家教无非孝悌慈

满堂酝酿太和春　一脉源流先世泽

永接高杨全孝道　脉延太岳教傅功

龙　案

龙案，即池州傩事仪式中的供桌、祭台。每年池州傩事活动进行期间，各傩村社的宗祠中都会设置供桌用以陈设香烛、祭品等。池州傩村社使用的供桌一般为长方形，供桌正面围以黄色绸布，供桌上摆放香炉一只，左右两侧置铜制烛台各一，供桌前的地上摆放数个蒲团。

本傩村社的每户社民将自家提前准备好的祭品装在木制托盘上，整齐摆放于供桌前的地上或长凳上。常见祭品主要有酒、腊（猪）肉、花鲥、三牲祭品、元宝、鲜豆腐、米、米粑、供糕、线香、黄表纸等（图8-8）。

酒。自从远古时期的先民们以果实酿酒开始，酒就成了中国人生活中不可或缺的饮品。酒不仅在人们的饮食烹饪、健康保健等方面发挥了重要作用，更是中华民族文学艺术创作和民间风俗文化的精神源泉，深刻影响了中国人的人生态度、价值观念和审美情趣。

酒还是中国传统祭祀中的典型祭品之一，酒祭也是中国传统祭祀礼义

图8-8　祭　品

中的重要内容。祭祀中用酒在中国的历史源远流长，早在先秦时期的诗歌《诗经·大雅·旱麓》中即有了"清酒既载，骍牡既备。以享以祀，以介景福"的诗句。西周礼制著作《周礼》中亦有"饮酒必祭，示有先也"的记载，且对祭祀用酒的种类和用途提出了明确规定，形成了独具特色的"酒祭文化"和"酒礼文化"。从此，敬献神灵、祭奠祖先就成了中国酒文化中最基本的社会功能，折射出中国乡土社会中的民俗风貌和人情文化。

郎遂曾在《杏花村志》中描绘了池州一处古老酒肆——黄公酒垆："酒垆茅舍，坐落于红杏丛中，竹篱柴扉，迎湖而启，乌桕梢头，酒旗高挑，猎猎生风，令人未饮先醉。酒垆院里有一口'黄公井'，水似香泉，汲之不竭，用此水酿出的酒，为时人所争饮。"池州地区传统酿酒工艺的主要特色是汲井水酿酒，井水天然无污染，矿物质含量高，无机成分丰富，酿出的酒馥郁芬芳、清新甘冽。过去，池州傩仪上社民们供奉的酒基本上是自家制作的米酒，如今更多选用的是池州本地产的白酒。

池州本地白酒中最出名的莫过于黄公酒，据《池州府志》记载：隋唐时期，池州杏花村内酒肆林立，"沽酒者如织，尤以黄公酒垆名彰"，酒垆主人黄广润取"香泉井"之水以秘技酿成黄公酒，色泽纯净、香味醇和、回味悠长。《池州记忆·非遗》一书中详细记录了黄公酒酿造的工艺特点：一是独特的中、高温大曲混合发酵。混合使用以优质大麦、小麦、豌豆制成的红心曲和小麦制成的高温曲。以大米、高粱、玉米、米等为原料，运用高温润料堆积生产。二是传统的小窖酿造。窖泥选用优质黄土，经晾干、风化粉碎后使用，采用优质窖泥进行扩大培养，制成母液，再加入曲粉、老窖泥、菜园土等作窖泥，并加入黄水、酒尾及己酸菌液等经培养制成约7立方米左右的发酵池。由于窖池体积小，能使原料与窖泥充分接触。糟醅接触窖泥面积大，有利于培养糟醅，提高酒的质量，形成了黄公酒独有的风格。三是地下恒温储存。地下恒温储存有利于新酒的老熟，新生产出来的酒经品尝分级后，按不同的等级分别存储在地下陶坛容器中，经过一年恒温储存，再倒入大的容器中储存三个月后，方能使用。

腊（猪）肉，中国传统腌制肉类食品，在我国已有近千年的食用历史。过去，由于食物保鲜技术还不发达，人们为了将珍贵的肉类保存起来创造性地研制出了用食盐对肉类进行腌制的食品加工工艺。虽然，如今用于食物保鲜的工具和手段已十分丰富，但这种生活智慧依然被保留和传承了下来。在池州傩村社所在的地区，家家户户都有春节前后腌制腊（猪）肉的传统习俗。每逢农历腊月，社民们便开始准备杀猪宰羊，除了留下过年所需食用的鲜肉外，其余大多用来腌制腊（猪）肉。

将猪肉洗净后风干，将翻炒后的花椒与盐反复、均匀涂抹在猪肉表面，期间不断揉按，使猪肉充分吸收腌料的味道，涂抹完毕后淋上白酒，再将肉放于盆或缸中，密封静置。待猪肉彻底入味后，取出悬挂在荫凉通风处风干，腊（猪）肉即制作完成。腊（猪）肉鲜香味美，能够长期保存，是深受皖南地区人们喜爱的食品。

池州傩仪上供奉的腊（猪）肉一般都是社民本年新制的，在制作过程中特意留出最好的一块以备祭祀之用，是傩村社中代代沿袭下来的古老传统，也是岁末年关祭祖祀神的仪式感，更是皖南地区"慎终追远"人文风土的朴素表达。

花鳜。在中国远古时期，人们就开始捕捉营养丰富的鱼类为食，并逐渐演变成了中国传统民间饮食风俗中的文化象征。鱼肉富含丰富的蛋白质、无机盐和维生素等营养物质，又有代表余庆、富庶、繁荣的美好寓意，是中国各族人们逢年过节、喜庆筵席及亲朋好友团聚时餐桌上的必备菜肴，人们用各式各样的烹饪和装饰手法加工鱼肴，使它透露出吉庆祥和的气息，传达着人们祈盼"年年有余""富贵有余"等愿望。

在日常生活中，人们也钟爱饲养和观赏鱼。鱼儿在水中艳丽的体色、灵动的体态、温顺的习性等都为人们的生活景观和生活乐趣增色不少。自远古时期起，在中国传统民俗文化中，鱼即被认为能够带来瑞兆，于是鱼的形象被广泛应用于中国传统诗文作品、绘画雕刻艺术品、传说故事、民间风俗和工艺品等。东汉文学家蔡邕在《饮马长城窟行》诗中提道："客从远方来，遗我双鲤鱼。呼儿烹鲤鱼，中有尺素书。"诗中所述是藏于鱼腹中用来传递消息的信，称为"鱼素"。后晋史书《旧唐书·舆服志》曾记载："高祖武德元年九月，改银菟符为银鱼符。"此处的鱼符又名鱼契，是隋唐时期帝王皇权与军权的象征，据《旧唐书》记载："凡国有大事，则出纳符节，辨其左右之异，藏其左而班其右，以合中外之契焉。一曰铜鱼符，所以起军旅，易守长。二曰传符，所以给邮驿，通制命。三曰随身鱼符，所以明贵贱，应征召。四曰木契，所以重镇守，慎出纳。五曰旌节，所以委良能，假赏罚。"东汉班固所撰《汉书·西域传》中亦有载："设酒池、肉林以飨四夷之客，作《巴俞》都卢、海中《砀极》、漫衍、鱼龙、角抵之戏以观视之。"此时，我国传统民俗活动中出现了以鱼形象为主的道具，其中最有代表性的是"鱼灯"。鱼灯一般以竹篾扎制成鲤鱼状，糊绘鱼形纸，表面涂桐油防水，内置蜡烛，成为中华民族逢年过节、拜神祭祖、喜庆丰收时的重要节庆用具。

花鳜，特指产于池州市贵池区的鳜鱼品种，亦称"秋浦花鳜"。秋浦花鳜的体色较其他品种更深，鱼体前侧的黑宽带状花纹较其他品种更浅、更不明显，鱼腹小，鱼背厚且隆起，下颌较上颌长，体侧有暗棕色斑点及斑块，自吻端至背鳍有一条狭长的黑色带纹。烹饪后，花鳜肉质洁白紧致、细嫩鲜美，深受池州本地及周边地区人们的喜爱。

唐代政治家、地理学家李吉甫在《元和郡县图志》卷二十八《江南道四·池州》中提道："池州（池阳）本汉鄣郡之域，吴于此置石城县。梁昭明太子以其水鱼美，故封其水为贵池，今城西枕此水。……永泰二年，江西观察使李勉奏置池州，因武德四年总管左难当所奏旧名，取贵池以为州号也。"池州市贵池区秋浦河周边无工业污染，流域生态环境好，水质极佳，适宜鱼类生存，为花鳜的繁衍提供了良好的生长环境。古今许多游历至池州的文人都留下了赞美此处美景与鱼鲜的诗文，例如宋朝文学家杨万里所作《舟中买双鳜鱼》诗：

金陵城中无纤鳞，一鱼往往重六钧。

脊梁専车尾梢云，凶如大武千秋箸。

小港阻风泊乌舫，舫前渔艇晨收网。

一双白锦跳银刀，玉质黑章大如掌。

洞庭柹子青欲黄，香肤作线醯作浆。

供侬朝吃复晚吃，秃尾槎头俱避席。

可怜秋浦好秋山，侬眼未饱即北还。

江神挈月作团扇，一夜挥风卷波面。

留侬看山仍看江，更荐鲜鱼庖玉霜。

江神好意那可忘，江神恶剧那可当。

池州傩仪上供献的花鳜一般为生鱼，在仪式结束后由各家社民取回，人们往往将其烹熟，分给家庭成员食用，寓意着家族中的每个人都能够得到祖先和神明的福报和庇佑。

三牲祭品。在中国传统祭祀礼仪中，牛（头）、羊（头）、豕（头）俗称三牲祭品，后来在民间又发展变化出鸡、鸭、鱼，俗称小三牲祭品。池州傩仪中的腊肉和鱼等肉食祭品是传统三牲祭礼的简化。

元宝。生活在池州地区的人们习惯将农历春节期间食用的鸡蛋称为元宝，寓意着"招财进宝"。元宝，即茶叶蛋、五香蛋，在池州方言中叫"炆蛋"。将鸡蛋洗净，放入由茶叶、茴香、八角、胡椒、桂皮等香料调制的汤料，小火炆煮慢炖，待鸡蛋熟透凝固后关火，静置2~4小时，期间可轻敲蛋壳使其微微裂开，鸡蛋充分入味后即可食用。

池州傩仪中所供献的蛋同时也反映了池州地区民间生殖崇拜、助孕求子的风俗。蛋，即卵，象征着生命与希望，在中国传统文化中是"孕育生命"的象征。所以，在中国传统节日风俗、祭祀活动中鸡蛋都是重要的食物和器物。战国学术著作《管子》中曾记载了中国传统节日寒食节的古习俗——镂鸡子："雕卵，然后瀹之，所以发积藏，散万物。"即在鸡蛋壳上进行绘画或雕刻，再将其煮熟食用，寓意在历经寒冬后的春天，万物开始孕育新的生命。

鲜豆腐。池州地区出产的鲜豆腐色泽洁白，口感软嫩，富含丰富的优质蛋白和多种人体所需微量元素。池州鲜豆腐的制作流程大致为：泡豆、磨浆、冲浆、煮浆、石膏点卤、压榨成型。

池州傩仪上供献的鲜豆腐，又名"豆腐饭"，是皖南地区民间祭祀与丧葬中的常见祭品。豆腐，谐音"都福"，是中国传统年节期间寓意吉祥、福气的菜品。南北朝时期南朝萧梁文人宗懔曾作《荆楚岁时记》，其中有关于这一地区"作赤豆粥以禳疫"的记载，可见古楚之地的池州地区自古便有食用豆、豆羹或豆制品以禳灾疫、祓除不祥、祈求好运的传统风俗。

米。池州地处皖南长江沿岸，山清水秀，山地丘陵间分布着大片良田，稻是池州地区最主要的粮食作物，生活在这里的人们以大米为主食，制作出多种多样以米为主要原料的地方小吃，例如米酒、米面、米椒、米饼、米粉、米粑、米糕、汤圆、锅巴、炒米等。

池州地区的稻种植每年2~3季，每季生长期为120~150天左右。在犁田翻土后将稻秧苗有序、间隔插入水田中，在秧苗生长过程中定期施肥、除草、灭虫，并保持田土湿度，待稻穗金黄饱满，即可收成。收割后先用打谷机或人工摔打让稻谷与稻穗分离，剥离下的稻谷收集起来后需要及时晒干，再用传统风车分谷机或人工抖筛去除杂质，最后经过碾米即可得到日常食用的大米。

池州傩仪上社民们供献的米，一般选用当年收获的新稻谷，无需蒸熟，直接将生米盛于碗中作为祭品，在池州部分傩村社的傩仪中还有将生米撒于宗祠周边或村社主要道路上的"殇祭"仪式。

米粑，是池州地区民间常见的一种米食小吃，形状似小饼，色泽洁白，气味清香，营养丰富。将米反复冲洗洁净，浸泡3~6小时，滤水后将湿米磨成米浆，过滤后的米浆加入米酒、发酵粉等，倒入模具中隔水蒸40分钟左右，取出晾凉即可食用。

在池州方言中，米粑又名"发粑"，"发"字有财运亨通之寓意，在池州傩仪上供献米粑代表了社民们对富足生活的祈愿。日常生活中，人们也普遍喜爱将米粑作为各种节日聚会、风俗仪式中的食物，如寿诞、婚嫁、入宅等。有些家庭还会在米粑上增添各种装饰，如剪纸喜字、食用色素点就的红点、彩色糖粒等，使得原本素白的米粑平添了不少喜庆的气息。

供糕，是用糯米粉制作而成的糕点。傩村社中厨艺灵巧的村民将糯米粉和水制成米团，捏就各种形状，再以食用色素染色，经蒸制后即可得到形象生动、香味扑鼻的供糕。池州傩祭品中常见的供糕样式有：鲤鱼跳龙门、麒麟送子、天官赐福、寿桃等。

线香。香、烛是中国传统祭祀中最普遍、最常见的祭物。线香，外形纤长似线，故而得名。因线香燃烧时间较长，又被称为"仙香""长寿香"。线香的用途十分广泛，除了祭祀所用以外，还是中国传统的计时器具、熏香材料和养生用品。

池州傩仪上使用的线香主要是檀香，香气芬芳典雅，有凝神定心之效。池州域内的九华，自古至今香火旺盛，香客络绎不绝，山脚下与周边的手工制香历史悠久、工艺纯熟。将晒干的香桂树叶和松柏树根放入石碓中碾成粉末，倒入一定比例沸腾的开水搅拌成泥状，揉成泥团，按压变薄后切成长度相同的长条，包裹在竹制香芯外，放置在香榻上擀成粗细均匀的细圆柱，晒干即制作完成。这种手工制作的线香易燃耐燃，外形美观，香味持久。

黄表纸，又名"火烧纸""（敬）神纸""竹烧纸"等，是中国民间传统丧葬、祭祀等民俗活动中常用的供纸。黄表纸通体纯黄色，纸质柔软细腻，极薄至能透光，不易破损且吸水性强。黄表纸极易燃，点燃后迅速收缩卷曲，白色灰烬质量极轻，能够随风飞扬。

黄表纸制作时一般选用当年生的嫩竹，将其劈成约2指宽的竹片，放入水中后上面铺一层麻和一层石灰，浸泡一月左右后捞出，将表面的石灰洗净，再浸泡40天左右令其充分发酵，捞出后将竹片碾成泥，与竹黄混合搅拌按压成糊状，倒入捞纸池兑水稀释，接着兑入分离浆后即可捞纸，最后进行烘干、裁剪和打捆。

如今，为了节约资源、保护环境，避免未燃尽的纸引发山火，在池州傩事活动中已不再燃烧黄表纸。

第九篇

鞭炮、烟花与铳

鞭 炮

在我国远古时期，人们将竹枝投于火中，竹节中密闭的空气遇热膨胀爆裂，发出"噼里啪啦"的声响，用火焰与爆响之声驱赶猛兽、邪祟和鬼怪等，称为"爆竹"或"爆竿"。宗懔所著《荆楚岁时记》中曾记载了这样的传统："正月一日……鸡鸣而起，先於庭前爆竹、燃草，以辟恶鬼。"南宋学者袁文所作《瓮牖闲评·卷三》中也提道："岁旦燎竹于庭。所谓燎竹者，爆竹也"。由于爆竹具有强烈的喜庆色彩，逐渐成了辞旧迎新之际、传统节日庆典活动中的重要内容。如同北宋文学家王安石《元日》诗中所描绘的：

> 爆竹声中一岁除，春风送暖入屠苏。
>
> 千门万户瞳瞳日，总把新桃换旧符。

早在我国春秋时期，民间就有了火药，主要应用于医药、民间百戏和军事武器等方面。大约至宋代时，民间开始普遍用纸筒或麻茎裹火药编织成串做成"编炮"，即后世鞭炮的前身。传统的鞭炮制法是将鞭炮纸按一定规格卷成圆筒，内部按一定比例放入木炭、硫黄和火硝，外面糊上红纸装饰，引线穿过每个圆筒，并用棉线系成一挂，形状似鞭。

鞭炮是池州傩事活动的主角之一，所有傩仪、傩舞和傩戏中都能听见鞭炮燃放后响彻乡野的声响。每一项傩事活动内容的开始与结束都必须燃放鞭炮，重要的时间节点如子时也必须燃放鞭炮，傩（神）面具行至一个新的地点同样必须燃放鞭炮，在傩戏进行的过程中时不时传来的鞭炮声常常掩盖了曲词之声。根据过去传承下来的做法，不同傩事活动的内容、时间、地点所燃放鞭炮的响数也有相应区别。与其说在池州傩事活动中燃放鞭炮是一种传统习俗，倒不如把它看成是一种傩事程式，是对傩事活动庄重肃穆、神秘诡谲祭祀氛围的渲染与加持。

烟 花

烟火，又名"焰火""烟花""炮仗""礼花"，常用于中国传统民俗节日、庆典活动、祝祷仪式等场合。南宋文人周密所撰《武林旧事·卷二·

元夕》中曾记载"宫漏既深，始宣放烟火百余架，于是乐声四起，烛影纵横，而驾始还矣。大率效宣和盛际，愈加精妙。"我国传统烟花制作历史悠久、技艺精湛、技巧高超，燃放效果绚丽多彩，烟花种类十分丰富。正如元代书法家赵孟頫《赠放烟火者》诗中所描述的：

人间巧艺夺天工，炼药燃灯清昼同。

柳絮飞残铺地白，桃花落尽满阶红。

纷纷灿烂如星陨，赫赫喧阗似火攻。

后夜再翻花上锦，不愁零落向东风。

清代医药学家赵学敏曾撰《火戏略》，书中对当时中国传统烟花制作工艺和燃放技巧等均有详细记录，例如焰火颜色来源的主要原料："棉花屑光则紫，铜青之光青，银砾之光红，铅粉之光白，雄精之光黄，松煤之光黑。"中国传统烟花不仅色彩繁多，而且还能够模仿人们日常生活中的各种人物、建筑、动植物等形象。葡萄牙传教士安文思在《中国新史·第六章》中记录了他在明崇祯十七年元宵节晚上观赏烟花的情景："似舟，似塔，似鱼，似龙，似虎，似象，一般有上千种令人惊奇的烟火。"我国烟花设计多种多样，极尽巧思，富察敦崇所著《燕京岁时记》曾记载："每至灯节，内廷筵宴，放烟火，市肆张灯……花炮棚子制造各色烟火，竞巧争奇，有盒子、花盆、烟火杆子、线穿牡丹、水浇莲、金盘落月、葡萄架、二踢脚、飞天十响、五鬼闹判儿、八角子、炮打襄阳城、匣炮、天地灯等名目。"

天花无数月中开，五色祥云绕绛台。

堕地忽惊星彩散，飞空频作雨声来。

这是明代诗人瞿祐《烟火戏》一诗中的烟花。烟花燃放时流光溢彩，光华夺目，象征着光明灿烂，烘托出热闹、欢庆的氛围。池州傩事活动中，烟花总是与鞭炮一齐登场，地上火光迸裂，空中百花争艳，将整个村落照亮如白昼一般。"今正腊旦门前作烟火、桃神、绞索……逐疫礼也。"①这不仅是传承了千百年的驱鬼逐疫的传统，更是一场迎接春天与希望的盛大仪式。

铳

铳，中国古代用火药发射弹丸的一种火器，又名"火筒"。铳原为中国古代的射击火器，一般为竹、金属制管型，以火药驱动发射石、铅、铁等弹丸，古代民间时常有自制铳用以打猎、自卫、联络的情况。由于其发射时发出巨大声响，有强烈的震慑力，逐渐发展为民间祝寿、婚嫁、丧礼等重要民俗活动中的礼器，主要作用在于发射信号，一般与鞭炮一起使用。铳在使用时有一定的危险性，易伤人畜，所以池州傩事活动中早已不再使用。

---

① 出自《荆楚岁时记》。

第十篇

傩戏场布景与砌末

戏场布景

池州傩戏在戏场布景上尽显简约古朴的民俗风貌。池州傩戏戏场、戏台前檐与左右及后侧，分别悬挂有网状或飘带状的彩纸或彩色绸布，当地称为"纸彩"。一般戏场前挂的纸彩为网状，长约4.33米，宽约1米。制作时，用彩色纸剪成细条，并卷成圆筒，对角相结成长约4.33米，宽约67厘米的网眼状，下缀约33厘米长的细彩纸条，梳理出缕缕纸须。再在网眼处贴上红纸剪成的菱形、圆形或扇形图案，上书"驱邪逐疫""共庆升平""庆贺新年"等字样。据傩村社中的社民回忆：在过去傩事活动十分繁盛的时期，还会在纸彩上安装竹扎或纸糊的彩绘灯，将字写在灯上，灯中红烛点亮后，影影绰绰，十分好看。戏场两侧挂的纸彩为飘带状，长约79厘米，宽约16.5厘米，上端留约50厘米用于书写吉祥语，下端剪成蝠纹、云纹或寿字纹、万字纹等纹饰，纹饰下方溜出六根纸须，寓意"六六大吉"、诸事顺遂。傩戏场屏风，如图10-1所示。

图10-1 傩戏场屏风

123

傩戏场以木板或竹帘拼成的屏风分隔成前后台。屏风中间一般挂一幅宽约 1.12 米、长约 1.67 米的字画，若是画最寻常的便是福、禄、寿三星图；若是字要么是一首古诗，要么是民间的齐言联句歌谣，如：

今日是何日，人辰是此辰。

拈香来祖庙，秉烛敬傩神。

依旧风光好，居然气象新。

年年循古例，同庆万家春。

或是：

乡村无事闹新年，锣鼓声喧接九天。

欣逢今宵月圆好，神喜人欢大团圆。

图10-2 亮匾

屏风两侧为上下场处，挂有绿色或红色帘布，帘上方分别挂"出将""入相"扇形亮匾（图10-2）。亮匾，一般为竹制或木制结构，形状有长方形、扇形等，表面以纸糊并有彩绘，中空，可以放置红烛。亮匾的做法不仅用于匾，还可以用在对联、横批等处，可以让人们在夜晚的傩戏场中清楚辨认其上的文字、图画，更是傩戏场中的一处照明装置，这一砌末创造充分体现了劳动人民的智慧与想象力，可谓既实用又美观，装饰性与写意性并重。制作中的亮匾和对联，如图10-3所示。

图10-3 制作中的亮匾和对联

池州傩戏场布景的亮匾上常题：迎财神、合门欢庆、庆贺元宵、人喜人欢、神喜人欢等内容。对联则有：

人禧皆贺禧　月圆齐团圆

诚心三叩首　敬意一炉香

年年如意春　岁岁平安日

击鼓鸣锣酬圣德　敲金戈玉荷神麻

雨顺风调万家乐　国强民富众人欢

风调雨顺酬圣德　　国泰民安谢洪恩

制度礼仪遵古法　　声音节奏守遗风

有威可畏有仪可象　　如闻其语如见其人

刘状元中志坚金石　　肖巾帼里节凛冰霜

玉门关凯歌荣梓里　　万里城哀泣动星君

奏凯歌旋夫荣子贵　　喜荣钦降夫贵妻荣

灯烛辉煌谁识真父真子　　歌声嘹亮哪知是女是男

生旦净丑老小正演各色上七登台送来齐欢庆

旗锣鼓伞铳炮灯迎八台十五朝庙返归大团圆

　　屏风前约一米处摆放笔桌和挂椅，即传统戏曲舞台上的一桌两椅。桌椅上罩桌帷（图10-4）、搭椅披；椅披一般为红色绸布，桌帷的颜色则不定，常见为红色、黄色帷布，帷布上刺绣各种吉祥图案；桌上摆有点燃的香炉、烛台等。桌椅的摆放位置与其余装饰布置在戏中会根据剧情需要略做调整，例如《刘文龙·赶考》剧中演至"玉帝降旨"这一情节时，需要在笔桌上挂一幅龙帐，增设印箱、签筒等道具，并将笔桌叠放在另一张桌上，形成两层宝座。

图10-4　桌帷

傩戏砌末

砌末是中国传统戏曲舞台上道具与布景等物件的统称，常见如菱镜、扇子、手绢、印信、文房四宝、茶具酒具、銮仪器仗、桌帷椅披等等。砌末的作用主要表现在两个方面：一是刻画人物形象，例如闺门女儿手拿折扇，沙场将军身佩刀枪；二是渲染故事情境，例如用烛台表示夜晚，用不同的桌椅摆放格局暗示故事地点与环境的变化。

砌末是中国戏曲艺术发展过程中中国古典表演方式的创新与创造。砌末利用舞台上真实与虚幻的关系，以假定性与夸张性的艺术加工手法模拟生活情境，塑造了一个在演员与观众间自然流动的空间。中国戏曲砌末能够充分与演员的表演结合起来表现剧情需要，在美术风格上能够与演员的角色特征、服饰化妆特色保持和谐一致。

池州傩戏砌末主要有圣旨、印箱、朝笏、惊堂木、签筒、折扇、文房四宝、包袱、茶具等，另有一些就地取材的简易砌末，例如《孟姜女》剧中，用两条长凳拼接在一起表现长城，借用傩舞道具神伞来模拟树。又如，扮演渔、樵、耕、读四位人物角色的演员分别站立在四个方位，表示东、南、西、北门，这种以人作为砌末的做法颇有我国宋元时期南戏表演的传统风貌。

河灯。池州傩戏砌末中彰显地方特色和民俗特征的是河灯。放河灯是我国历史悠久的传统民俗活动，一般在农历初一、十五、清明节、中元节等传统节日进行，用以表达对逝去亲人的悼念和对未来生活的祈愿。中国传统的河灯常常制作成莲花状，所以也被称为"莲花灯""荷花灯"。在纸、布、绸、金属、塑料等材质制成的河灯上点燃蜡烛或放置灯盏，任其逐水漂流，灯亮得越久、漂得越远，意味着越幸运、越吉祥。

池州傩戏《孟姜女》第九出"扶扬镇搜捡渡湘江"结束后有一场放河灯的仪式。池州傩的河灯为船型，上面扎制了孟姜女的姓名牌，放河灯时将一个灯盏点燃放到纸船里，再将其放入河中。放河灯的仪式不仅在形式上完成了孟姜女顺利渡过湘江的傩戏故事情节，而且也是驱走灾祸、祈愿平安吉祥的重要傩仪内容。

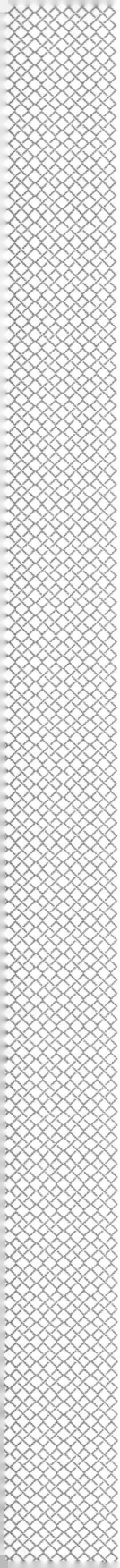

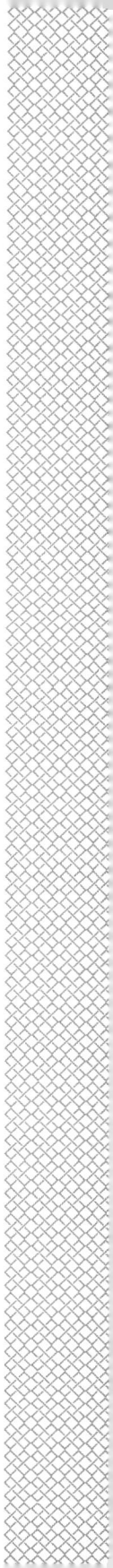

第十一篇

傩事服饰

早期的池州傩事服饰大多为社民自制。据当地社民回忆，一般用天然植物色素①将土布染成茶色或蓝色，再由本社的村民手工裁制成斜襟的长袍，长袍上的装饰图样也较简约朴素，只是在领口、绣口处以彩色绲边装饰，或在重要傩戏角色的戏服上刺绣少量花纹装饰。这些早期的傩事服饰颇具古风，充满乡土气息，但穿着的舒适感、功能性和观赏性都存在不足。

如今，随着时代的发展、农村生活水平不断提高，池州傩事服饰的使用也出现了新的变化。各傩村社不再自己裁制傩衣，而是普遍采用集资的方式按照传统样式定制专用傩事服饰，或直接购买民俗活动、戏曲表演中常用的戏服。池州傩事服饰在风格上接近中国传统民间服饰的普遍特征，且充分借鉴了中国传统戏曲服饰的形式与特色。傩舞、傩仪和傩戏的服饰在使用时相对固定，基本上能做到专服专用，但在需要烘托气氛、塑造人物或表现情节时也会相互借用。

池州傩事服饰以首服和体服为主，不讲究脚服，社民基本上都是穿着自己日常所穿的鞋袜参与傩事。休傩期，所有傩事服饰均封存于木箱内，保管在傩村社宗祠的阁楼上，在每年傩事伊始的请神仪式后，由傩村社的年首或会首开箱取用。

束　巾

束巾，是傩事活动中为了方便佩戴面具、盔头等束在额部覆盖整个头部的头巾。中国传统戏曲服饰装扮中束头巾的做法由来已久——早在我国宋金时期，杂剧艺人即在表演中佩戴各种样式的诨裹。池州傩事活动中所使用的束巾一般为方形四脚棉布所制，颜色主要有红色、黄色等，佩戴时将巾的两脚结在脑后，其余两脚或自然垂下或结在额上。在功能上，池州傩事束巾与我国古代传统首服——帻类似，主要用于束拢、遮挡头发，并且便于佩戴其他头面部装饰物。

傩舞服饰

云肩

傩舞《舞伞》中的舞者佩戴"童子"面具，扮演的是活泼调皮的儿

---

① 常见为黄山栀子和靛兰花。

童，所以舞伞的社民所穿的服饰色彩明快鲜艳，装饰俏皮可爱。上衣一般为红色或黄色，特色是佩戴云肩或在领口纹绣图案；彩裤为绿色、红色或蓝底花纹，着黄色布鞋，鞋面有红色绒球装饰，束红色头巾。

云肩，又名"披肩"，是中国传统服饰中披戴于外裳肩部的装饰。清代李渔在《闲情偶寄·声容·治服》中谈道："云肩以护衣领，不使沾油。"可知云肩最初的功能是保护衣领的清洁，后来逐渐演变为装饰性更强的饰物。《元史·舆服志一》中曾记载："云肩，制如四垂云，青缘，黄罗五色，嵌金为之。"云肩的剪裁样式十分丰富，常见有对开式、串珠式、四方式、八方式等；作为装饰的云肩一般以彩色锦绣制成，装饰金银、宝石、珍珠、穗子等，显得色彩丰富，精致华丽。

池州傩舞服饰中另一穿戴云肩舞蹈的是《魁星点斗》，不过魁星服饰一般为赤膊披云肩，着红裤，赤脚，束红头巾，佩戴"魁星"面具。

褶子

褶[①]子，斜领长衫的一种，原为我国古代男子日常所穿的便服，后成为中国传统戏曲服饰之一，如清代剧作家孔尚任所作《桃花扇·传歌》中所述："净扁巾、褶子，扮苏昆生上。"褶子是池州傩事活动中使用频率最高、最普遍、最"百搭"的服饰，无特殊服饰装扮要求的人物角色和傩事情境中社民均可穿褶子来装扮。

池州傩舞《舞回回》中舞者的主要服饰即是褶子，斜领大襟，衣长至足面，两侧开叉，大袖有水袖。池州傩舞服饰中的褶子主要有两种：素褶子和花褶子。素褶子即单色无花纹的褶子，颜色主要有蓝、红、绿、紫等色，斜领与水袖皆为白色，配束白色头巾，佩戴"回回"面具；花褶子绣团花纹或碎花纹、云纹、八宝纹、飞禽纹等，大袖无水袖，穿着时为敞穿，佩戴"回回"面具，配束红头巾戴盔头。

坎肩

坎肩，又名"背心""马甲"等，原为御寒保暖的增衣，形式特征为短款无袖的上衣。东汉文学家刘熙所著《释名·释衣服》中提道："裆，其一当胸，其一当背也。"此处的"裆"即是坎肩，又如《西湖老人繁胜

---

① 读音：xuē。

录》中所述：“街市衣服中有苎布背心，生绢背心，扑卖摩候罗①者多穿红背心。”

池州傩舞《舞古老钱》中舞者所穿的服饰主要是坎肩，从样式与风格来看类似卒坎肩、号衣，圆领对襟、身侧开衩，主要为红色，前胸及后背处有白色圆形图案，图案上绣“卒”或“兵”等字。坎肩下佩红色彩裤，腰部系有绿色荷叶边装饰的黄色靠腿，配束绿色或黄色头巾，佩戴人像型面具。

靠

靠，指中国传统戏曲舞台服饰中的扎甲、戏服，一般为塑造武将角色专用。靠的结构是上甲衣，下围裳，上衣与下裳相连，圆领，窄袖，宽袍，前后心及肩等部位有铠甲饰片，常见纹样形式是鱼鳞形和丁字形。戏曲理论家齐如山在《国剧艺术汇考》中提道：“靠之样式，乃用缎子绣花，前后两片，瘦袖，两肩形如蝶翅，多绣鳞甲，腹部绣大虎头，此乃仿旧甲制成。”

池州傩舞《花关索战鲍三娘》②中舞者所穿的服饰主要是靠，分为硬靠和软靠：硬靠穿戴时插靠旗，软靠不插靠旗。池州傩舞中的靠在穿戴时讲究颜色的规范与统一，例如戴黑色面具穿黑色靠，红色面具穿红色靠，女性人物穿白色靠等。穿靠的舞者除了佩戴面具外还会束头巾，戴盔头。

靠旗，中国传统戏曲中武将服饰的重要装束。靠旗来源于古代将官的令旗，经过舞台美术的变形、夸张和艺术化演变成了一种典型的装饰物。靠旗的形式主要为三角形，固定在肩背部，故而又称“护背旗”。靠旗一般有四面，旗上用彩线绣出各色花纹，常见的是龙纹、云纹、如意纹等，每面旗上部系有一条彩色飘带。舞蹈时，靠旗随风翻动，唰唰作响，不仅渲染了人物的威风气派，而且增加了舞蹈的动态美感。

盔头

盔头中国传统戏曲人物中武将所佩戴的冠帽（图11-1）。盔头一般用硬纸板或塑料塑型成帽坯，并以绸布覆面，面上装饰龙、凤、狮、虎等塑

---

① 卖泥人塑像。

② 该傩舞有高跷马和踩地马两种舞蹈形式。

图11—1 盔头

型图案，再用彩缨、枪头、绒球、玻璃珠等进行装饰。在戏曲舞台上，根据盔头的大小、样式、装饰的华丽程度即可判断佩戴盔头的人物的身份与地位。池州傩舞中所佩戴的盔头形制大体相似，通常只根据人物性别、身份作简单区分，七星额子和凤冠式的盔头较常见。

雉尾（翎子）

池州傩舞中鲍三娘一角的盔头上还会插戴一对翎子，即雉尾作为装饰，长约1米的雉翎显得人物英姿挺拔，刚健婀娜，提升了服饰的艺术性和观赏性。雉尾是类似长尾鸟尾羽的羽毛饰物，是中国古代勇士的象征，南朝宋历史学家范晔所编《后汉书·舆服志》中曾记载："武冠，俗谓之大冠……加双鹖尾，竖左右，为鹖冠云。五官、左右虎贲、羽林、五中郎将、羽林左右监皆冠鹖冠……鹖者，勇雉也，其斗对一死乃止，故赵武灵王以表武士，秦施之焉。"

雉尾分为短尾与长尾两种，双长尾一般为女将佩戴，不仅具有彰显人物角色的功能，而且具有增强服饰舞蹈性和美感的突出作用，亦是舞者用来表现人物思想情感、渲染人物情绪的重要工具。

傩仪服饰

仪仗服

池州傩仪仗队伍中抬龙亭的社民所穿的仪仗服一般是一整套黄色衣裤，配传统盘扣，对襟红色绲边一通到底，窄袖，肩膀、袖口处有红色补块，配束衣裤同色黄头巾，戴半圆形额子盔头，盔头上有明珠和绒球等装饰，样式类似京剧演员所佩戴的"一字额子"。

为了与专抬龙亭的社民相区别，仪仗队伍中的其他社民所穿仪仗服的褂子和彩裤颜色不统一，主要还是以红、黄、绿、蓝、紫为主，但无其他装饰，统一束红色头巾，不戴盔头。

僧衣

池州傩仪《新年斋》中扮演僧侣等人物时社民主要穿僧衣、袈裟、罗汉鞋等，手中持数珠、木鱼或钵盂等，戴和尚面具。池州傩中的僧衣样式主要有常服、袈裟两种：常服是长度及脚背的长衫，颜色多为灰、黄二色，窄袖斜襟；袈裟，又作"水田衣""衲衣"，传统由碎布补缀而成，常见为赤红色，披于左肩，偏袒右肩，以袈裟环固定。

傩戏服饰

池州傩戏的服饰主要来自中国传统戏曲服饰，但在穿戴上有所简化，例如穿蟒、官衣时并不佩戴玉带；因所佩戴面具上已雕刻冠帽，所以也常常不戴相应人物的冠帽；鞋袜的穿着也较随意简便。所以，不像传统戏曲服饰有盔箱、大衣箱、布衣箱、靴箱等从头到脚的整套装扮，池州傩戏的服饰主要是体服，类别与样式主要有蟒、官衣、褶子①等。

蟒

明代文学家沈德符在《万历野获编》中提道："蟒衣，为象龙之服，与至尊所御袍相肖，但减一爪耳……凡有庆典，百官皆蟒服……"蟒，是中国传统服饰上的一种纹绣图案，形象与龙极为相似，但蟒爪较龙爪少一趾。

蟒衣，即绣或绘有蟒纹图案的衣袍，原为中国明代宦官的官服，《明史·舆服志三》中曾记载："永乐以后，宦官在帝左右，必蟒服……又有膝襕者，亦如曳撒，上有蟒补，当膝处横织细云蟒……"也常作为古代帝王赏赐给官吏的赐服，如《明史·苏禄国传》中所载："各赐玉带一，黄金百，白金二千……金绣蟒龙、麒麟衣各一。"清代，蟒衣的穿着与使用更加普遍，蟒衣的颜色与图案也与穿着官员的品阶、级别紧密联系起来。中国传统戏曲服饰中的"蟒"即是在明清蟒衣的基础上经过艺术化的装饰与美化而形成的。

池州傩戏中帝王、重臣、大将、神仙等人物穿蟒，样式基本与戏曲蟒服相同（图11-2）。蟒的基本样式为圆领，大襟，宽袍阔袖并有水袖，长

图11-2 《五星会》和《魁星点斗》中的蟒衣

度至脚面，后有衬摆；颜色以红、黄、紫、黑、绿等为主；肩部、前胸和后背处均有华丽的纹绣图案，以团蟒（龙）、单蟒（龙）、鱼、牛、大鹏、狮子、凤凰、宝相花、西番莲、如意云、暗八仙等传统吉祥图案为主，袖口和下摆处纹绣"海水江崖"纹，花纹细密，色彩纷繁。

海水江崖纹，用象征着海水和山石的抽象图案组成的传统纹饰。海水江崖纹并不是一个独立的纹样，而是由多个纹样图案组合而成。纹样下部均匀排列斜纹直线条、曲线条，或鳞状波浪纹，名谓"水脚"或"蟒水"，波浪纹中矗立象征高耸山石或宝物的圆形、扇形、如意形等图案，周围点缀海潮纹、祥云纹等。海水江崖纹顾名思义象征着江山、国土，暗示了穿着者的身份。

官衣

池州傩戏中普通官吏所穿的服饰是中国传统戏曲服饰中的官衣，源于中国明清时期的官服。池州傩戏的官衣一般为圆领，窄袖有水袖，宽袍，除胸口与后备处有补外无其他纹绣装饰，颜色主要有红色、紫色、蓝色、黑色等。

补，亦称"官补""补子"，戏曲服饰中常见为方形，补上绣飞禽猛兽、旭日海水等纹样，补的四周边缘绣缠枝纹、回字纹等图案。在明清时期的官服中，补不仅是装饰，更是等级划分的明确标识，《明史·卷六十七·志第四十三·舆服三》中曾记载："二十四年定，公、侯、驸马、伯：麒麟、白泽；文官绣禽，以示文明：一品仙鹤，二品锦鸡，三品孔雀，四品云雁，五品白鹇，六品鹭鸶，七品㶉鶒，八品黄鹂，九品鹌鹑；武官绣兽，以示威猛：一品、二品狮子，三品、四品虎豹，五品熊罴，六品、七品彪，八品犀牛，九品海马……"戏曲官衣上的补子虽不如上述现实情况中那样严格区分，但依然会根据所扮演人物身份、品级、地位等纹绣不同的图案，作为区别人物的标志与符号。

池州傩事服饰充分借鉴了中国传统戏曲服饰符号性、程式性和装饰性的特征，同时也突出了民间服饰简约、朴素、实用的特点。

髯口

部分池州傩（神）面具上原本已装饰了胡须，一般是由棕须制成，固定在傩（神）面具上。但有时为了进一步增强人物形象的整体性、艺术性和个性化特征，社民们也会使用戏曲服饰中的髯口。

髯口，又称"口面"，是中国传统戏曲舞台上人物面部的两腮和颏下妆饰的假胡须，主要用来表现人物的年龄与性格。过去，髯口一般用牛毛、马尾或人发制成，如今的髯口皆为尼龙材料，用铜丝制作成挂钩，佩戴时挂在耳上。髯口的颜色以黑、灰、白为主，样式在形状、长短、疏密上也有不同，池州傩戏中所选用的髯口颜色和样式主要根据所佩戴傩（神）面具的颜色和形象特征而定，以二涛、满髯最为常见。

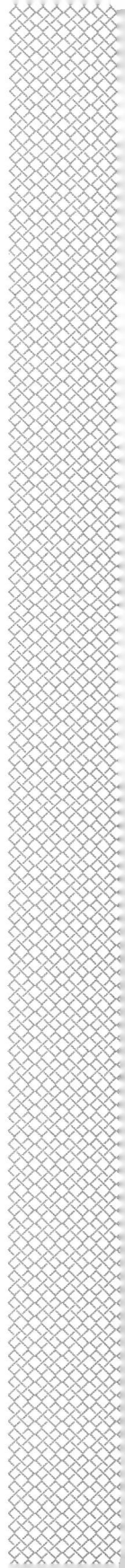

第十二篇

邀 台 食

"邀台"是池州傩事中颇具地方特色的民俗活动环节，指的是傩村社排演"两头红"的通宵傩戏时在上半夜与下半夜之间搭起饭桌，邀社民们围坐一起吃夜宵的活动，也被称作"吃邀台""吃腰台"。

吃邀台能为长时间进行傩事活动的社民及时补充能量，消解疲劳，振奋精神。除此以外，有些傩村社为了不因此中断傩戏表演，巧妙地将这一活动融入了傩戏的故事情境之中，达到了戏里戏外情景交融的艺术效果。例如，太和章傩村社在《和番记》第十一出"赏月"中刘文龙与公主中秋赏月的情节中安排"吃邀台"。

池州傩吃邀台必饮酒，但每桌社民仅共饮一瓶白酒，助兴的同时也不至于饮酒过量而影响下半夜的傩戏。食物则可分为两大类：冷食、热食。冷食主要是茶点、糕饼等点心和腌白菜、腌萝卜、花生米等冷菜；热食指的是当夜烹制的菜肴，最具地域特色的是"一品锅"。冷食往往由社民从家中带到宗祠，而热食则是在宗祠中临时搭起简易灶台，当场制作。

一品锅是皖南山区特色的传统菜肴，"一品"之名来自流传在池州地区的一个民间故事。据传，明代重臣毕锵在府中招待万历帝，毕夫人余氏特意准备了毕锵家乡——石台县河口乡的家乡菜，万历帝对其中的一道锅仔赞不绝口，称赞毕夫人的手艺与其"一品夫人"的诰命封号一般，从此这道菜便有了"一品锅"的美称。

"一品锅"的烹制方法是先将所需的所有食材备齐、洗净、切成合适的尺寸，再将所有食材按照顺序逐层铺在平锅之中，顺序大致为：底层——笋、萝卜、豆角、冬瓜等，二层——猪肉，三层——豆腐，四层——肉丸[①]和鸡块，五层——粉丝和应季绿叶蔬菜[②]，铺叠过程中应始终保持锅中有汤且汤水滚沸，铺叠完成后再以文火慢炖2～4小时，令其充分入味，最后简单调味即可出锅完成。"一品锅"食材丰富，荤素搭配，营养全面，滋味鲜美。对于仍在江南冬日露寒霜重的深夜坚持进行池州傩戏的社民们来说，吃上一口热腾腾的美食，能够驱散严寒和疲惫，让围坐在锅边的他们感受到暖意融融、幸福圆满。

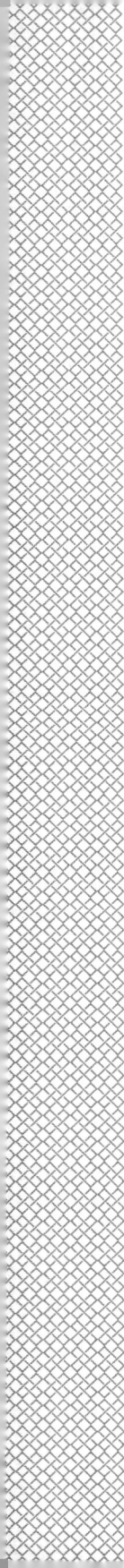

第十三篇

傩事唱本与戏本[①]

---

① 在池州傩事活动的傩仪与傩戏中，均有年首或长者执祭词唱本或傩戏戏本于场边或后台参与傩事，故而将傩事唱本与戏本归入傩器一列。

今生作如來生受

莫別臨涯悔不圓

餕送尊帳散是吞忠勸了也罷你可收拾縐鏡鐵釘鉤去別茶溪汪家走一遭

正月十五元宵戲金犬戲花灯

⑰

敬新年醮

伏以神通造了至德旧了敢違真真，虔誠心祥請，千里眼順風耳心祥請，

今年今月今日今時迎送冥位神根招請池洲府了主瘟陰貴池縣了主

城隍倚司土地之神楠木大將軍里拜諸，土肖溪把口水府之神白牙熟

山室塔之神東岳廟十王殿。阁哭天子，玉宴橋了梁侯者芝蘇城把口水府

之神，前砌橋了梁侯坊，九華門庄云闾，吾母殞了金龍四天菩薩通清

橋了梁侯坊，通清巷伽藍土地之神柳苦口二郎大神，下城五鵠衆馬咨公

把口水府之神，吾男山土地之神家橋了梁侯坊，苦谷坂票雪戲会。要戲

行織將軍查家山，了神土施之神，南溝水府之神白牙，水府土地之神槌刀嶺，山神

土地之神清波水府之神勛閑踏阿彌陀佛太顕山聖母熟，了伽藍土地之靈，濰波水府之佛

緒鶴嶺，山神土地之神師村坡豪戲金，了波水府之神師筏洞

水府之神麒驎山了神土地之神浴泉橋了梁侯庵阿彌陀佛冲小神土地之神西華山，把口

阿弥橋了梁侯者，避暑嶽伽藍土地之神，冲小神，了梁侯者芝戲，共杜了金之神，

馬家旺，杜令之神，其龍橋了梁侯者，金水北水府之神福田了金之神，茶排神科法覺神

伽藍山神土地之神瑕閇社了金之神寧寍戲会要戲籠神四年坪良栗王地之神東山橋了梁

皮高東山社了吾之神愛喬戲米要戲座土地神長興社了金之神普香祖師菩薩，

鴉孫冲山神土地之神戒湾井把阄門嬢橋大天帝棱山大佛朱神爐

一、傩事祭词唱本

池州傩事活动中的一大特色是在傩仪、傩舞过程中傩村社的会首手执一本祭词在旁念诵（图13-1）。这些祭词从漫长的历史长河中以口耳相递的形式传承下来，表达了这一地区人们在不同时期的民俗精神和文化传统，十分珍贵。

不少傩村社祭词的完整版本已经佚失，留存下来的版本由各傩村社手抄保存或整理编录，正如山里姚傩村社社民姚秉锜在该村社祭词本的前言中简述的编纂始末："姚村傩戏演唱始于何时，难以准确考究。根据姚姓家谱来研究，大约在元朝中后期时人口增多，汪、姚、刘各姓的六座龙亭（内装傩神面具）每年朝拜的青山庙也始建于元朝大德七年（1303），从这两点来看，傩戏的产生大概在元朝中期以前。其中兴起、毁灭先后已有三次，一是传说明末；二是咸丰八九年洪秀全进军安徽时；三是十年动乱。前两次藏埋面具在石回头和观音庙，两处的遗址我们在壮年时还有明显痕迹，现今仅石回头有一丝痕迹存留。今年（1987）村里群众

图13-1 会首手持祭词本于场边唱念

145

见各处傩戏已有些恢复，就推出江家根、孙道尹、何声余、汪敬苏、姚天相、姚文宝、姚克和、姚克环、姚连贯、姚家寸、桂和平等十一人负责筹备恢复重办傩戏事宜，选我担任技术指导写出剧本。共计两个多月的实践写成此草本，其中请阳神表、舞伞伞段、石坛段同刘文龙剧内一至十一册为姚家兴保留本（即1957年手抄本），其余都是这次口述笔录的。刘文龙十一册后至章文选全剧是姚春府同我口述，范杞良剧本是姚荣发、姚春府和我等三人口述。戏中新写了迎神仪式、送神仪式、呼段规矩、打赤鸟、舞回回、舞伞程序等等，过去都来自口目相传，没有文字记载。在记述中虽保持了百分之九十五以上的原貌，但时间错杂兼无资料可查，漏误和不当之处难免……"傩祭词手抄本，如图13-2所示。

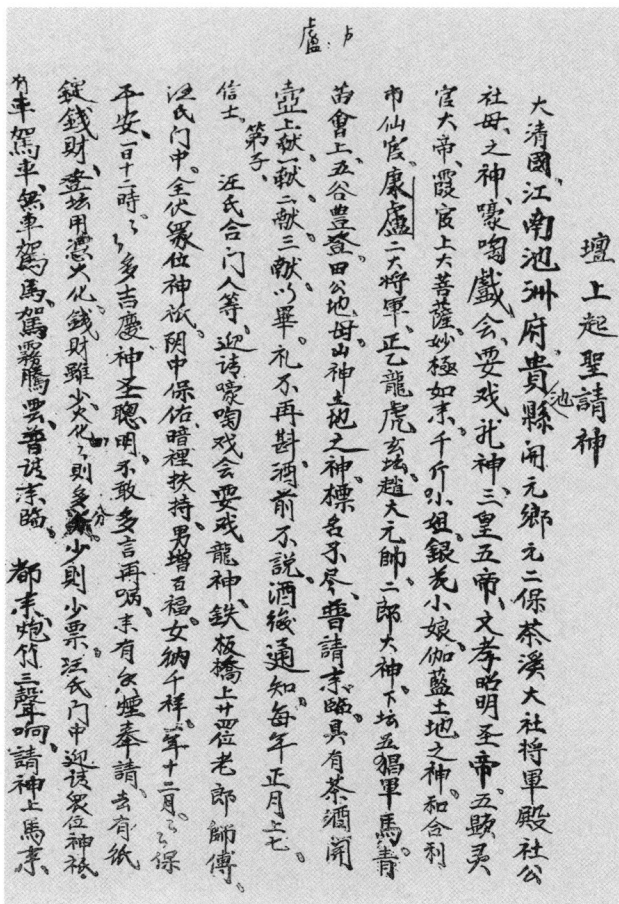

图13-2　傩祭词手抄本

以下选录山里姚村社部分祭词为例：

《请三官》

伏以

神通浩浩，圣德昭昭。谨连真香，虔诚拜请。拜请太上三元三品三官大帝，家奉长生香火，满堂列为高尊，请神安位，茶酒开壶上献。茶酒初献亚献三献，三献已毕，礼步再斟。今有口词，谨当宣读：今据大汉民国江南池州府，贵池县，开元乡，元二保，姚府大社居住，奉神信仕弟子合门人等，照依常规，迎请太上三元，三品，三官大帝，监看戏文，自监看以后祈保家门清吉，人口平安，男臻百福，女纳千祥，老者精神康泰，少者寿命延长，孩童孩女，佈①种天花麻豆，稀稀朗朗，个个均匀，轻隐请过，关煞消除；再保弟子播种田地山场，春来一子下地，秋来万担归仓，红花大熟，百倍全收，再保弟子，读书者，小考场场得胜，大考金榜标名，求官及弟，告老还乡；再保弟子出外营谋生意，开张铺事，一钱为本万钱为利，空手出去满载回归；再保弟子在家应当门户，大事则散，小事则休，官非口舌谈散消除；再保弟子，看养六畜成群长旺，长旺成群，豺狼虎豹，狐狸猫狗远去他方；再保弟子家下，红莲火烛高来高过，满天飞散，低来低过凑地埋芷，凡百等事，全赖神明阴中保护，暗地扶持，神圣聪明，不敢多言再奏。来有香烟奉请，去有帛锞钱财，钱财虽少火化成多，多则多分，少则少票，请神安位，今夜监看戏文，不敢奉送。

《请阳神表》

伏以

神通浩浩，圣德昭昭。凡有香烟，必蒙感应。谨运真香，虔诚拜请。拜请：嚎啕戏会，耍戏龙神，回回答答金花小姐、梅花小娘、铁板桥上老郎师父，正乙龙虎玄坛，马、赵、温、岳四大元帅，执符使者，时日传奏功曹，一切诸位神祇，标名不尽、再申奉请、奉请池州府府主城隍、贵池县县主城隍、府县衙司土地之神、府门首南木将军、通济桥桥梁使者、新济桥桥梁使者，清溪上下水府之神，沿江八庙水府之神，狮子口水府之

---

① "佈"，疑为"不"，下同。

神、涉水桥桥梁使者，栖水桥桥梁使者。齐山寺五云庵伽蓝土地之神，万罗山真武祖师，江家桥桥梁使者，南桃湾水府之神，白洋、桃坡水府之神，新开路阿弥陀佛，潘家桥桥梁使者，横山畈、邱村畈嚎啕耍戏之神，麒麟山迎风接雨土地之神，阿弥崖阿弥陀佛，避暑岑伽蓝土地之神，芝麻山山神土地之神，茶培冲柯法先生六丁六甲神将，西华把口水府之神，西华桥桥梁使者，福田社社令之神，义兴社社令之神，马家坦打猎五猖诸位神祇，鼎兴社社令之神，鱼龙桥桥梁使者，霞湖二社社令之神，长坪永兴社社令之神，东山桥桥梁使者，东山社社令之神，朱冲塘水府之神，黄家庙大慈大悲，黄村社社令之神，宋村社社令之神，将军殿康罗二大将军，茶溪社社令之神，南田心庵伽蓝土地之神，三婆庙前后三殿，诸位神祇，恩门墩协天大帝，姚村社社令之神，姚村水口水府之神，大田畈诸位神祇，青山古庙合殿神祇，青山桥桥梁使者，避洪桥桥梁使者，胡齐冲山神土地之神，汤村社社令之神，银冲社社令之神，永兴桥桥梁使者，汪村社社令之神，灵田社社令之神，灵田畈打猎五猖诸位神祇，宗庙祠西山牌山神土地之神，中庄岑土地之神，栗山社社令之神，观音阁慈悲圣母娘娘，汤家庙文孝昭明圣帝，五显灵官大帝，殷村社社令之神，毛坦上下有口明坛，蓝冲口冷坛木下之神，童村社社令之神，太平兴宝社社令之神，太平观音殿慈悲圣母娘娘，菜家牌三十六山山神土地之神，凤凰岑迎风接雨土地之神，双龙内外二社社令之神，莲花庵伽蓝土地之神，鹿角冲、燕子岭山神土地之神，抛儿潭汪洋圣主，石井龙王，龙池上下水府之神，石马山野猪塘山神土地之神，青草坡冷坛木下三神，舜源社社令之神，舜源桥桥梁使者，松寮山妙胜寺合殿神祇，西峯抛、明兴坞打猎五猖诸位神祇，道仁冲伽蓝土地之神，鸡栖冲土地之神，妙冲桥桥梁使者，观音庙慈悲圣母娘娘，东西二冲大小二畈田公地母，播种五谷大神。拜请：姚村大社社令之神，社公社母社子社孙，再有弟子迎请不到之处，里至源流外至水口，标名不尽，虚空过往，检察隆神，普请降临，受樽酒礼，茶酒开壶上献，初献亚献三献，三献巳毕，礼步再斟。今有口词，谨当宣读：今据江南池州府贵池县刘街乡刘街村姚村大社居民，奉诚信士弟子，合村男女大小人等，照依常规，迎请嚎啕戏会，扮演戏文，夜半以后，祈保家门庆吉，人口平安，男臻百福，女纳千祥，老者精神康泰，少者寿命延长，孩童孩女，佈种天花麻豆，稀稀朗朗，个个均匀，轻隐请过，关然消除；再保弟子播种田地山场，春来一子下地，秋来万担归仓，红花大熟，百倍全收；再保弟子，读书者，小考场场得胜，大考金榜标名，求官及弟，告老还乡；再保弟子出外营谋生意，开张铺事，一钱为本万钱为利，空手出去满载回归；再保弟子在家应当门户，大事则散，小事则休，官非口舌谈散消除；再保弟子，看养六畜成群长旺，长旺成群，豺狼虎豹，狐狸猫狗远去他方；再保弟子家下，红莲火烛高来高过，满天飞散，低来低过凑地埋芷，凡百等事，全赖神明阴中保护，暗地扶持，神圣聪明，不敢多言再奏。来有香烟奉请，去有帛锞钱财，钱财虽少火化成多，多则多分，少则少票，此处亦非留神之所，不过歇马之场，请神上马，各回龙宫宝殿，谢劳尊重，不敢奉送。

《舞伞歌》

靴儿踏踏响，步步踹金阶，四边人开路，舞出伞儿来。

莫怪伞儿来得迟，洛阳桥上等多时，一等等到同相会，更有同相会来迟。

伞儿舞得好，身穿红绿袄，日日广招财，时时多进宝。

伞儿舞得团团转，惊动许多人来看，上有三千诸佛，下有十八罗汉。

伞儿舞得十分高，四边风水都来朝，前面骑着青骢马，代代儿孙穿红袍。

伞儿舞得又各别，边是头来边是月，今日舞到□内过，官非口舌尽消灭。

伞儿舞得最绵长，田地丰登谷满仓，六畜兴隆生意盛，读书金榜姓名扬。

伞儿舞得团团，神喜人欢，家门清吉，四季平安。

伞儿舞的得人喜，可惜腰酸舞不得，好酒拿来吃三碗，舞个金钱推满壁。

伞儿原是九个圆，丈二红罗满半边，宽心耍过元宵节，轻轻托起杆朝天。

伞儿舞得凑地拖，伞儿上面绣鹦歌，鹦歌绣在伞儿上，福临儿媳寿临婆。

灯烛照辉煌，家家乐未央，伞儿收了去，演戏报名场。（平年）

伞儿舞得意殷殷，难舍梨园气象新，今日上元收了去，来年上七再来迎。（闰年）

另外，在部分池州傩仪和傩舞中也由扮演仪式、舞蹈角色的社民来唱、念祭词，例如：

《打赤鸟》

小杨：我是天上太白星，玉皇差我放飞禽，若要飞禽放得好，玉皇差我做官人。

老杨：我是天上太白星，玉皇差我打飞禽，若要飞禽打得好，玉皇差我做官人。

[白] 赤鸟，赤鸟，年年来吃我的禾苗，今天打倒，拿回家去过元宵啊。

《舞回回》

众：都来。

众：贺！

神伞出银台，四方人站开，歌笙齐鼓起，舞出回回来。

莫怪回回来得迟，洛阳桥上等多时，一等等到同相会，更有同相会来迟。

回回舞得好，身穿红绿袄，日日广招财，时时多进宝。

回回舞得团团转，惊动许多人来看，上有三千诸佛，下有十八罗汉。

回回舞得十分高，四边风水都来朝，前面骑着青骢马，代代儿孙穿红袍。

回回舞得又各别，边是头来边是月，今日舞到□内过，官非口舌尽消灭。

老回 [唱]：东又儿里东来，东又儿里东，东边来的是个稍公。

小回 [白]：怎么个认得是个稍公？

老回 [唱]：喏喏，稍公头上一点子红哪，哈哈子喏。南又儿里南来，南又儿里南，南边来的是个回回。

小回 [白]：怎么个认得是个回回？

老回 [唱]：喏喏，回回的鼻子大似锣槌呀，哈哈子喏。西又儿里西来，西又儿里西，西边来的是个癫痫。

小回 [白]：怎么个认得是个癫痫？

老回 [唱]：喏喏，癫痫头上无毛一秃皮耶，哈哈子喏。北又儿里北来，北又儿里北，北边来的是个蛮蛮。

小回 [白]：怎么个认得是个蛮蛮？

老回 [唱]：喏喏，蛮蛮就挑了各高担子上高山呐，哈哈子喏。红又儿里红来，红又儿里红，十朵莲花九朵红。

小回 [白]：还有朵莲花怎么不红？

老回〔唱〕：喏喏，不红的莲花结着莲蓬哪，哈哈子喏。小回回。

小回〔白〕：有。

老回〔白〕：这新年新岁要请老东家出来拜年，一定要多说些好话。

小回〔白〕：是。

老回、小回〔白〕：恭喜东家发财又发福。

内〔白〕：多谢金言。

老回、小回〔白〕：买田又做屋。

内〔白〕：多谢金言。

老回、小回〔白〕：看（养）猪大似牛。

内〔白〕：多谢金言。

老回、小回〔白〕：做酒清似油。

内〔白〕：多谢金言。

老回、小回〔白〕：凡百等事吉祥如意。

内〔白〕：多谢金言。回回请坐，拿果茶与你们吃，吃了茶，请你们唱几个戏曲给我们欣赏欣赏。

老回、小回〔白〕：容禀。

老回、小回〔唱〕：《八仙庆寿》《张仙送子》《鲁班造府》等等。

老回、小回〔白〕：今年打搅了，来年还要打搅。

内〔白〕：好说，不送了。

老回、小回〔唱〕：都来。贺！回回生得蠢。贺！住在高山顶。贺！不吃烟火食。贺！单吃干烧饼。贺！

都来。贺！回回生得丑。贺！喜吃生烧酒。贺！大回吃一担。贺！小回吃八斗。贺！

都来。贺！回回舞得最绵长。贺！田地丰登谷满仓。贺！六畜兴隆生意盛。贺！读书金榜姓名传。贺！

都来。贺！回回舞得团团。贺！神喜人欢。贺！家门昌盛。贺！四季平安。贺！

都来。贺！回回舞得意殷殷。贺！难舍东家气象新。贺！此日今夜来打搅。贺！来年再又贺新春。贺！

都来。贺！灯烛照辉煌。贺！家家乐未央。贺！回子回家去。贺！做戏到天光。贺！

《八仙庆寿》

生［白］：海上蟠桃献，人间岁月如流，开花结果几千秋，来到华庆寿。众位大仙请了。

众［白］：请了。

生［白］：今日王母寿诞之期，我等各办仙桃仙果，前去庆贺！不知哪位老仙为头？

众［白］：钟离为头。

生：［唱］钟离为头，洞宾三醉岳阳楼，果老驴儿瘦，吹箫曹国舅，身背药葫芦，采和手，拐李横行能识仙家路，仙姑名山洞府修。

（重句）玉府瑶池，跨对仙鹤慢慢飞，摆到成双对，八仙闲游戏，王母寿诞期，众仙知，八洞神仙齐赴蟠桃会，采和花篮手内提。

（重句）老寿年高，骑驴来过赵州桥，鲁班忙修选，显得仙家妙，过了赵州桥，乐滔滔，一阵仙风，拍掌呵呵笑，阆苑神仙张果老。

（重句）福寿双全，五福之中寿为先，昨日祥光现，今朝开毕宴，鼓乐闹喧天，庆华宴，献上蟠桃，尽是神仙筵，庆贺长生不老仙！

（重句）庆毕，各归仙洞府，一派祥云上九霄，待等来年，再献蟠桃。

二、傩戏戏本

池州傩戏的戏文从体式上可以分为曲牌体①和齐言体②两种。池州傩戏中常见的曲牌有【满庭芳】【山花子】【玉楼春】【菩萨蛮】【一剪梅】【清江引】【山坡羊】【风入松】【出坠子】【天下乐】【金蕉叶】【菊花新】【红罗袄】【懒画眉】等。虽然曲牌体和齐言体在体式和唱腔上各有特色，但在实际傩戏演出时亦常见二种体式与唱腔的混杂，充分体现了民间艺术兼收并蓄的特色。傩戏本，如图13-3所示。

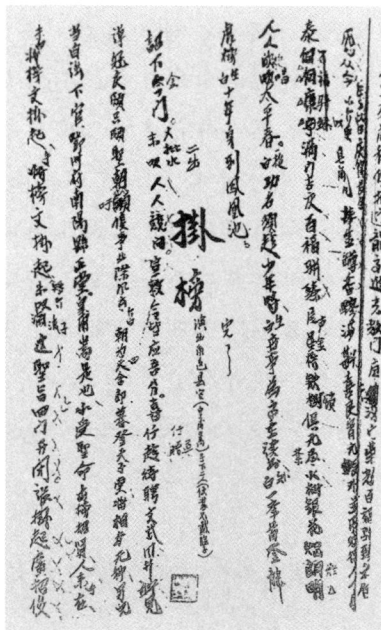

图13-3　傩戏本

---

① 唱词为依照曲牌格律填制的长短句体式，主要以高腔演唱。

② 唱词多为三、三、七句式或七言的上下句体式，主要以傩腔（源于民歌、小调）演唱。

● 曲牌体戏本以《刘文龙·和番记》[①]为例：

第一出　开场

（末引）

【鹧鸪天】大清一统镇山川，五谷丰登大有年。四海九州同乐业，八方进宝绝狼烟。歌舞日，乐尧天，文班武列更清廉。尽销兵器为农器，七宝珠帘动管弦。文龙忠节义，萧女孝而贞。佳人才子夫妻，三宿云雨情，便往长安赴选。金殿传胪第一，即擢和番人。单于强逼为婚，数载不回程。萧氏坚节操，宋子假传音，公公逼嫁，佳人日夜泪盈盈。奉使回本国，加封官职非轻。天恩优渥，锦衣归故里，完节又完名。

第二出　坐场

（生引）

【瑞鹤仙】瑞气霭门阑。论人间清福，胜似金章。风和艳冶天，看潜鳞比目，紫燕翩翩，风卜文鸾。且尽心，青灯黄卷，圣贤事业，千载流传。

（生白）人生年少莫猖狂，好把文章耀日光。不怕青云高万丈，只须黄卷两三行。棘围门外无关锁，茅屋之内有栋梁。昨日广寒宫里过，规划斜插满头香。自家姓刘名文龙，表字希璧，本贯邓州南阳人氏。不幸萱花早萎，椿府灵长。新娶萧氏，方才两日。且喜仪容俊雅，德性温柔，谩夸桃杏之姿，堪任苹蘩之托。徐州李燮，乃吾心友，交谊不下范张。正是：人爵不如天爵贵，功名怎似孝名香。来日老父悬弧之日，不免叫院子倩几个疱人，整顿酒筵，庆祝千秋。院子何在？（末白）有。忽听堂上叫，忙步到跟前。相公相唤，那傍使用？（生白）来日老官人寿诞，你去到街坊倩几个疱人，整备酒筵与老官人庆寿。（末白）晓得。

（生唱）

【满庭芳】红飘轻絮，绿满庭除，浓桃繁李鲜妍。春郊酒熟，香引洞中仙。

【前腔】来日寿星高照，看膝下戏舞斑斓。风光好，三千珠履，齐祝

---

① 选自太和章傩村社清光绪抄本（《中国傩戏剧本集成——贵池傩戏》集校版）。

寿千。

（末唱）

【前腔】椿庭多喜庆，灯花烂漫，灵鹊高喧。紫烟浮，祥光独罩华筵。闻道五福贵也，还要让仁寿为先。看来朝金樽倾倒，共醉杏花天。

（同唱）

【尾声】灵椿八百真堪美，桃实三千列彩筵，愿效华封三祝全。

（诗）

（生）大开东阁奉严亲，去请疱人莫暂停。

（末）末戴金貂朝帝阙，先披斑彩尽儿情。

第三出　挽厨

（末白）来日老员外寿诞，相公吩咐我到十字街头倩几个疱人整备酒筵，就此前去。来此乃是邹博士家，不免叫他。邹博士可在家否？（内白）不在家。（末白）不在家，想必又到李妈妈家里玩耍去了。我家倩他下厨。（内白）可是刘相公家么？（末白）正是。（内白）到家就来。（末白）既不在家，我去倩别人了。来此乃是蔡玉郎家，我就倩他罢了。蔡玉郎可在家否？（内白）是哪个叫我？（末白）刘相公倩你下厨。（内白）来了，来了。

（净唱）

【字字双】小子姓蔡名玉郎，白张。有人倩我宰猪羊，用酱。吃来偷去有何妨，混账。安排筵席甚风光，不像，不像。

（白）院公拜揖。你家相公倩我下厨？（末白）正是。（净）待我回去收拾家伙一同前去就是。（末白）到了，到了。（净白）院公，请相公出来拜揖。（末白）相公有事，不必请见。（净白）如此多多拜上。我问你，院公，你家明日要倩多少位客？（末白）三千客位。（净白）不打紧，不过孟尝君家常饭而已。这等要宰多少猪羊？（末白）宰三百五十只猪羊。（净白）也不打紧，不过庖丁一日之能。各色作料可曾齐备？（末白）俱已齐备。（净白）如此却好。

（丑唱）

【字字双】博士名字叫邹心，求趁。好在花街柳巷行，高兴。刘家寿诞唤咱们，整顿。生姜酱醋和香芹，不混，不混。

（白）刘员外寿诞倩我下厨，我又在李妈妈家里玩耍去了，不曾早来。

今来到此，不免自进。（见科）院公拜揖。先刻有慢，多有得罪。（末白）老邹，你不在家，我倩了别人了。（丑白）哪个？我是你家接年的主顾，哪个狗骨头敢来换我的？了也不得！（净白）院公，快快拿猪羊来宰。（末白）我家接年主顾来了。（净白）哪个？我是你倩来的，哪个狗骨头敢来换我的？叫他来见我。（丑白）咄！你在此做甚么？（净白）刘家"鼓瑟吹笙"，借我"肆筵设席"。（丑白）这狗骨头，开口就把《千字文》来盘我，我也把《千字文》来对他，扫他的兴。你在此"饱饫烹宰"，你老婆在家"饥厌糟糠"。（净白）这狗骨头，我家事情他怎么晓得？咄！我家虽贫，祖上比你家略高一二。（丑白）你家出甚么？（净白）我家有个蔡邕、蔡襄，"世禄侈富"。（丑白）不说起祖上则可，要说起祖上，我家祖上比你家祖上更要高些。（净白）你家出了个怪。（丑白）我家有个邹衍、邹忌，"驰誉丹青"，何如？（末白）自家无志气，休把祖来夸。（净白）院公说得有理，各人只讲各人的手段。我若摆布来的东西，并皆佳妙。（丑白）我若铧锣肴馔，"似兰斯馨"。（净白）咄！扫你的兴。我前日见你替人家杀鸡，杀得"娇首顿足"。（丑白）咄！扫你的兴。我前日见你替人家杀鸭，杀得"悚惧恐惶"。（净白）前日人家倩我下厨，只见你东也瞧瞧，西也望望，"属耳垣墙，徘徊瞻眺"。（丑白）我前日人家倩我下厨，只见你东也跟着，西也跟着，"矩步引领，造次弗离"。（净白）这狗骨头，他骂我猎食的，我也要骂他。咄！我骂你——（丑白）骂我甚么？（净白）骂你"驴骡犊特"。（丑白）这狗骨头，他骂我是个畜生。我也不骂你，我只叫你一声——（净白）叫我甚么？（丑白）叫你"犹子比儿"。（净白）花娘养的，他把我比做他的儿子，我如今要去打他。你好"聆音察理"，扯断你"盖此身发"。（丑白）这狗骨头，开口就骂，动手就打。你好好在我靴尖上叩三个响头，我便饶你，如若不然，打得你"诗费羔羊"。（打介）（净白）院公快来"济弱扶倾"。（丑白）院公，不好了！打碎"四大五常"。（救介）（末白）这是哪里说起，都在此"空谷传声"，打得这等"焉哉乎也"。（劝开介）你二人像个甚么样？依我说，邹博士是我家的接年主顾。（丑白）可知道。（末白）蔡玉郎是我倩来的。（净白）却又来。（末白）你也"罔谈彼短"，他也"靡恃己长"，须要上下和睦，不必"骇跃超骧"。（净白）院公你不晓得，这狗骨头十分无理，今日打他不过，我明天去报他一个官厨子。我问你，他姓甚么？叫甚么名字？（末白）他是十字街好玩耍的，绰号邹兴子，名叫邹心儿。（净白）莫不是邹心哥？（末白）正是。（净白）倒也还伶俐。哎！不好了！列位有所不知，他是我家丈人的外男、外男。（丑白）院公快快报，我问你，他姓甚么？叫甚么名字？（末白）他是丁字街蔡家喜赌钱的蔡花子，名叫蔡玉郎。（丑白）哪个？他就是蔡玉郎？哎！早晓得也不该动手了。（末白）他是你家甚么人？（丑白）他是我家老婆妻舅、妻舅。（末白）你二位既是"亲戚故旧"，必须"礼别尊卑"。（净、丑同白）院公说得有，待我二人"乃服衣裳"。（相见笑介）（净白）邹兄，我也不下厨了，你在此"适口充肠"。我回去"索居闲处"。（丑扯净介）（丑白）说哪里话来，你在此"弦歌酒筵"，我回去"散虑逍遥"。（净扯丑介）（末白）你二人不必"推位让国"，一同在此"接杯举觞"如何？（净、丑同白）院公，英使"愚蒙等诮"，说我二人不知"天地玄黄"。

（净、丑同唱）

【清江引】人生天地和为贵，为甚的空争嚷。（净唱）邹兄，我和你"孔怀兄弟"情。（丑唱）蔡兄，从今后，夫妇相随唱。（同唱）待来朝，寿筵开，珠履同欢赏。

第四出　庆寿

（生唱）

【一剪梅】花城彩凤两鸣和，新浴春波，幸浴恩波。

（旦唱）

寿星高照海天阔，谩掩羞娥，笑画双蛾。（夫妻见礼，坐介）

（生白）欲减罗衣寒未去，不卷珠帘人在深深处。（旦白）长春花下余晖曙，阶前齐祝南山句。（生白）已曾吩咐院子安排酒筵，不知可曾齐备？（旦白）俱已齐备。（生白）既然齐备，一同请上老官人。爹爹，有请。

（外白）来矣。（唱）

【四块玉】岁月如梭，韶华撚指过。记得少年如咋，难禁白发催，奈何。

（白）我儿，请为父出来有何事情？（生白）今日爹爹寿诞，孩儿整备酒筵与爹爹庆寿。（外白）如此生受。（生白）院子，看酒来。

（礼介）（唱）

【锦堂月】春日融和，庭闱昼永，遍野鹤飞过。樱桃酒熟，灵椿老景如何？惟愿取，长青长茂，与岁寒松柏同科。（合唱）泛金荷，岁岁花前痛饮，散发高歌。

（旦唱）

【前腔】樛木初拂绿萝，传杯满泛金波。怕连理琼枝同称庆，云围椿荷。惟愿取，织女牛郎，年年同渡银河。（合同前尾）

（未、占同唱）

【前腔】恩育，才成总角。这恩光如海阔。奴虽是庸流，也效华封三祝。官人、娘子呵！惟愿你，浓李繁桃，长伴那苍松翠竹。（合同前尾）

（外唱）

【前腔】蹉跎，青春易过，一生光景无多。儿，你芸窗灯火，几时得佩玉鸣珂？惟愿取，脱白挂绿，恩光荣耀茅屋。（合同前尾）

（丑上唱）

【四块玉】刘门多福，奴家亲来贺。拿来这酒果，只怕羞杀了东风帘幕。

（小生上唱）

雕鞍催促，飞花带雨过。只为金兰契合，镇忘路途奔波。

（净上唱）

生来豪富，金珠粟帛多。忝与刘兄同课，须向堂前称贺。

（白）尊兄何往？高姓尊名？（小生白）学生姓李名燮，徐州人氏，与刘兄八拜之交。今日他令尊寿诞，特来奉祝。请问尊兄高姓大名？（净白）小弟姓宋名中，本处人氏，与刘兄同窗。今日他令尊寿诞，特来奉祝。（小生白）请问婆婆何姓何名？（丑白）奴家本姓罗，婚姻嫁娶多凭我，嫁与吉公为妻子，人人叫我老吉婆。（小生白）此去何事？（丑白）与刘家近邻，刘员外今日七旬，刘相公前日新娶，两当一，三当七，前来庆贺。（众白）如此一同请进。（净私言）呀！萧氏娘子生得如此美貌，岂非天香国色乎？将酒来。（拜介）（众白）先拜酒，拜寿。

（众唱）

寿比南山，福如东海，长生不老，不老长生。

（小生唱）

【前腔】鸣鹤，其子同声相和。况好爵当磨，岂容错过。

（生唱）尔我，齐向百丈竿头，把龙门一跃。

（合唱）共欢谑，且展开怀抱，满泛金波。

（净唱）

难摸，世事因循反复。直须做，向前去方才觉可。

（小生唱）

闲阔，蒙千里鸡黍相招，怎敢违错。

（同前尾声）

（净背言唱）

呵呵！这业冤叫人怎躲？想这般姻缘，如何得合？

（丑唱）

休话，何事背地里沉吟？当对奴说。（同合前尾声）

（小生白）今有一桩喜事，尊兄可得知否？（生白）小弟不知。（小生白）宋兄可知否？（净白）学生亦不知，望兄指教。（小生白）一路而来，见各处张挂黄榜，上写着汉灵皇帝大开南选，广招天下读书秀才，不论高门白户，文章合试者，便中状元。尊兄可去否？（生白）如何不去。（小生白）兄长要去，只在明日起程，如迟恐赶赴日期不及。（生白）如此急迫，怎生区处？（外白）我儿功名事大，今年不去，又过三年。三年之后，不知老父可康健否？你当收拾行李，明日起程。（小生白）宋兄可去否？（净白）有二位尊兄相携，小弟也去观场。二位休哂。（小生白）俱系一同。刘兄，我与宋兄在五里桃花店相等。（唱）

【哓哓令】交情淡若水，义重如山岳。齐向金门奏凯歌，阳香白雪更相和。

（净、小生白）明日起程，不可羁迟。（生白）一言已定，不用再三请。（净、小生进）（丑白）刘相公，多谢你，家去了。（生白）吉婆且住，一事相烦。来朝起程，缺少路费，烦你到宋官人家借钞三千贯，异日衣锦回来，加利奉还。（丑白）领命。（生白）青蚨烦引手，（丑白）黄榜定标名。（进台）

（生、旦唱）

【尾声】今日祝亲寿，来朝白下过，君亲二义成功课，那日衣锦回来，喜气多。（诗）

　　　　（生）酒散佳宾各自归，（旦）来朝打扮赴丹墀。

　　　　（生）七旬老父权抛别，（旦）三朝夫妻暂别离。

第五出　思想

（净唱）

【普贤歌】陌上春光系柳条，榆钱万贯积荒郊。一片至诚心，早被樱花闹。灵台无奈渠来罩。

（白）酒不醉人人自醉，花不迷人人自迷。昨日刘家庆寿，见那萧氏娘子，真果天上有，世间无。比花花解语，比玉玉生香。临溪双落鹭，对月两婵娟。此时闲暇无事，不免思想一会，多少是好。（作想介）（唱）

【驻云飞】一睹花娇，引得我魂灵上九霄。他生得十分俏，我看他十分饱，怎得续鸾交，琴瑟调，两意徘徊，枕上逍遥妙？胜似巫山云雨交。冷地恩想心下恼。（白）元君到此，这厢有礼。（占白）有礼相还。（净白）元君，你可听些甚么？（占白）心下恼。（净白）还听些甚么？（占白）续鸾交。（净白）啊哈！元君那晌就到此，还要重见一礼。（占白）好个礼多人不怪。容你妻子一言道来。

（唱）

休逞心，妄想人家淑女娇。她①丈夫与你金兰好。

（净白）那娘子——（占唱）那娘子岂是墙花草？心痒枉徒劳，莫心高。

（白）我往日到你家，可也生得好？如今不过老了，搽它半斤四两水粉，可也还看得。（净白）呼！那也好像猪八戒。

（占唱）

我也曾杏脸桃腮，枕上恩情，颠鸾倒凤，枕上逍遥妙，莫游蜂别恋娇。

（押跪介）

（丑上白）受人之托，必当忠人之事。刘相公上京求名，缺少路费，挽我到宋官人家借钞三千贯。来此已是，不免入进。（见科）（净白）正想得我计穷力尽，天上吊下冰人。（丑白）相公，因何说此言语？（净白）请坐，听我道来。昨日刘家庆寿，你也在那里。（丑白）我也在那里。（净白）见那新娶萧氏娘子，生得舌儿尖，肉儿白，乌鸦鬟发墨染成，柳叶眉儿赛新月，椒子眼儿水银晴，樱桃小口麝香喷，糯米牙儿白似银，十指尖尖如春笋，两耳垂肩若昭君，坐下好似嫦娥样，说什么倾城倾国杨太真，若得与他同枕席，好似救苦救难观世音。吉婆若肯行方便，宋中顶礼谢千金。媒人。（丑白）

---

① 她，同"他"。

別人妻子想他何用？听我道来。（唱）

【前腔】官人听告，快把春心收拾了。娘子虽灵貌，刘郎当年少，休想漆投胶。整顿琴书，早把龙门跳，少甚纤纤楚女腰？

（净白）吉婆到此何干？（丑白）非为别事，只为刘相公上京求名，缺少路费，挽我前来问官人，有钞借三千贯，异日衣锦回来，加利奉还。（净白）既如此，岂惜三千贯，再多些也有，岂要加息，只要这一桩事图个往来，后会有期。（唱）

【前腔】暗想娇娆，千金难买回头笑。论他花容貌，说甚么珍和宝。何日渡蓝桥？好似阆苑神仙，鸣珮离蓬岛。多把金银谢你劳。

（丑白）宋官人，既有此心，事当缓图。古语云得好：日计不足，月计有余；月计不足，岁计有余。一年不得，谋之十年，十年不得，谋他十七八年也谋到手。（净白）吉婆，我不瞒你说，一日也难过，还等得许多时候？

（丑唱）

【前腔】不必心焦，谩把春光絮柳梢。千里路虽遥，发足终须到。管教你鸾凤交，伉俪情怀，百岁同偕老。掘井谁能成一锹？

（净白）吉婆，多多拜上刘相公，此去必定高中。恰好有人送三千贯钞还我，原封未动，你拿去与他就是。（丑白）我还送文契来与相公为凭。（净白）朋友有通财之好，不须文契往来，罢了。（丑白）如此领命。（净白）这一件亲事要紧、要紧。

（诗）（丑）

不必再三亲嘱咐，相来都是会中人。

第六出　分别

（旦唱）

【金焦叶】妾意如痴。猛可的，彩凤分飞。春归难把柔条系，却教人顿减香肌。【玉楼春】绿杨芳草长亭路，年少抛人容易去。楼头残梦五更钟，花底离愁三月雨。无情不知多情苦，一寸柔肠千万缕。天涯海角有穷时，只有相思无尽处。

（白）奴家自适文龙方才三日，恩情未满，云雨未调。今日整顿行李，上京求名，前去拜别公公启程。古人云：心起意难留，留下结冤仇。只得

收拾行李，送他起程便了。（唱）

【三唤头】春罗初试，同心带绾。奴则望永结同心，谁想分襟袂。为只为蜗角虚名，蝇头微利，便将这鱼水恩情，一旦轻抛弃。思量起，闷杀人儿也，盈盈珠泪坠。这段幽情，教奴何日得展愁眉。

（生唱）

【金蕉叶】咨嗟吁气，撇不下灵椿景西。（相见，哭介）苦为着两字功名，轻折散我三宿夫妻。

（旦白）解元，几时起程？（生白）吉婆一到，即刻起程。（丑白）不知行路苦，特地到此来。领了刘相公言命，往宋官人家借得三千贯钞在此。他今日起程，即忙送上。（见科）（生白）呀！吉婆来了。所托何如？（丑白）好，相公此去必定高中。（生白）怎见得？（丑白）好个彩头。昨日承命到宋官人家，恰好有人送三千贯钞还他，原封未动命我拿来，岂不是好个彩头？（生白）我未曾写文契与他。（丑白）我也说过了。他不要文契，也不要加利，朋友情义，往来修好便了。（生白）如此多谢他。难为你吉婆，请坐。（丑白）我也不坐了。小婆子只沽得一瓶鲁酒与相公送行，我先往长亭等候。（生白）多谢厚情。（丑白）暂时分别去，稍刻又相逢。（下）

（旦唱）

【尾犯序】罢了解元！我与你少年夫妻，恩情美满。只道与你百年偕伉俪，谁知一旦说分离。

（生白）妻，若得寸进，即便回来，何必如此留恋。

（旦唱）

罢了解元！我与你三宿夫妻，恩情未满，云雨未调，怎不教人泪眼愁眉，肝肠裂碎。

（白）解元，你此去为着甚的？（生白）为着功名二字。

（旦唱）

也只为蟾宫折桂，拆鸳鸯两地里。思之——

（生白）思之，虑也。所虑何事？

（旦唱）

你不念奴花容俊美，也须念桑榆老矣。解元，此去几时回来？

（生白）娘子，我也难定下归期。

（旦唱）

奴只望把音书频寄，免叫我终日倚门闾。

（生白）把袂相看泪洒衣，风云万里是男儿。今朝虽有别离苦，（唱）

他日相逢定有期。娘子呵！不必伤心泪交颐，文龙乃是甚等之人，岂恋花柳把岁月淹迟。切莫猜疑，我须记宋弘节义，决不学王允愚痴。此去不愿别的而来。（旦白）但愿何来？

（生唱）

但愿我成名后，夫荣妻贵，车马耀门楣。

（旦白）此间甚么所在？（生白）洗马河边。娘子不劳远送。（旦白）容奴再送一程。（鸳鸯飞起介）（末白）一对鸳鸯，一个飞在这边，一个飞在那边，真个好看。（旦白）解元，沙地上甚么鸟？（生白）鸳鸯。（旦白）何为鸳鸯？（生白）此鸟号为文禽之鸟，日里并翅而飞，晚来交颈而宿。雌的失了，雄的永不再配；雄的失了，雌的永不再偶。人间夫妇，好比鸳鸯。

（旦唱）

罢了解元！你看鸳鸯交颈睡沙堤，倏尔分开两处飞。三宿夫妻亦如此，无端情绪诉君知。

【香柳娘】告官人听启，奴有表记，与夫带往长安，一路好生收取。（白）小玉。（占白）有。

（旦唱）

把菱花劈碎，金钗各一枝，丝鞋分一只。再嘱咐临歧，君当荣贵，莫效秋胡薄义。

（生唱）

【前腔】谢娘行意美，多蒙表记。我本是宇宙奇才，肯负生平节义？（白）杨兴。（末白）在。（生唱）一桩桩收起。若得锦衣归，与尔相比对。再叮咛我妻，高堂景西，望尔革繁中馈。（同唱）

【尾声】四围山色中，一鞭残照里。恩情好似河边水，日夜东流何时西。正是：流泪眼观流泪眼，断肠人送断肠人。

（生白）娘子请回，不劳远送。（旦白）早去早回。（生白）晓得。

（旦唱）

谩凝眸，正是马行十步九回头。归家不敢高声泣，搁泪汪汪不敢流。

第七出　考试

（末引）

【紫苏九】天子尊贤礼甚优，良木都向棘围收。四方抱艺如鳞集，选取由咱任去留。

【朝中措】身居翰苑紫微丛，文章押世雄。今日满城桃李，由咱鼓舞东风。才储八斗，酒饮千钟，考取公平确当，尘埃分别鱼龙。

（白）左右，吩咐头门外、仪门上，但有举子进场。搜检明白，勿许夹背片纸只字，如有夹带，黑墨涂卷，赶出贡院。（左右照样白介）

（生唱）三年一度选场游，（小生唱）相邀跨鹤上瀛洲。

（净唱）诗词歌赋桩桩好，（丑唱）那个今年做鳌头？

（众白）列位请了。来此贡院门首，须要捱扎而进。（见礼介）大人在上，众举子参。（末白）众举子各通名姓，各认号房。小心候题。（生白）学生邓州人氏，姓刘名文龙。（小生白）学生徐州人氏，姓李名燮。（净白）学生南阳人氏，姓宋名中。（丑白）学生海州人氏，姓甘名打哄。（末白）那①有这样名字？（丑白）大人在上，姓乃祖宗世系，名乃父母所取，非是学生自己所叫的。（末白）各立号房，将风、花、雪、月各人认题，做上一篇，合试者便中状元。（生白）我做风。（小生白）我做花。（净白）我做雪。（丑白）学生没得做。就做月。

（生唱）

【山花子】天地氤氲遍九州，无形无影漂流。向花枝折下锦绣，送春潮掇起龙头。

（末唱）

贺朝堂文崇武修，育英才今堪入彀。千年社稷春复秋。

（生唱）南风薰分民解愁。

（小生唱）

万紫千红色色幽，满目奇葩如绣。向园林浓如春九，常时须插盈头。

（末唱）

贺朝堂文崇武修，育英才今堪入彀。千年社稷春复秋，

（小生唱）

———————————

① 那，同"哪"，下同。

花城化日淹无忧。

（净唱）

悠悠漾漾满山邱，长河冻断水不流。把腊梅压得清瘦，箬笠翁白发盈头。

（末唱）

笑寒儒鳞甲未修，这文字看来真丑。腐烂好似腌臜臭。

（净唱）

送与试官下烧酒。

（丑白）学生认的月。察告大人，喜的是新月还是圆月？（末白）新月如何？圆月如何？（丑白）喜的圆月，目下就要动手；喜的新月，就要到那初三、四里。（末白）偏要新月。（丑白）哎！晓得这样拗气，也不该来。（末白）也是要做。

（丑唱）

玉钩移在碧云楼，窥人长夜影无休。映寒潭鱼龙奔走，照寺院看见和尚光头。

（末唱）

笑寒儒鳞甲未修，这文字看来真丑。蓬松好似猱狮狗，

（丑唱）

送与试官来比口。

（末白）众举子听俺一对。（众白）愿闻。（末白）头班听对。（生白）愿闻。（末白）三个牌坊，阁老、尚书、都御史。（生白）一科甲第，状元、榜眼、探花郎。（末白）下场。二班听对。（小生白）愿闻。（末白）斑笋穿篱，虎见铁枪忙奔走。（小生白）黄梅落地，乌闻金弹奋高飞。（末白）下场。三班听对。（净白）愿闻。（末白）蜡烛心直肚肠弯，亮！毫光透顶。（净白）铁铳口宽情性急，嗃！怒气冲天。（末白）这举子为何这等粗莽？（净白）老大人为何这等弯窍？（末白）下场。四班听对。（丑白）愿闻。（末白）青云有路，匆匆跨马而来。（丑白）金榜无名，悄悄搭船回去。（末白）龙虎自看榜。（众白）文场战罢经纶手，合试的请他阆苑游。下第呵！难免今朝一脸羞。

第八出　忆夫

（旦唱）

【菊花新】天涯游子未回程，怎奈椿堂日渐沉。鱼雁杳无音，好教我心怀愁闷。

（白）南园绿草堆堆轻絮，愁闻一霎黄昏雨。卷帘对斜阳，杏花零落香。无言匀粉脸，枕上屏山掩。三宿骤分离，幽情人未知。奴家自从官人去后，针线慵拈，花容瘦损，又值艳阳天气，乱红成阵，好无聊赖也呵！（占白）娘子不必忧闷，且自宽解。（旦白）闷坐停针半掩扉，思君终日泪沾衣。闲将往日思量遍，错咏关雎窈窕诗。（唱）

【四朝元】关雎初咏，同心带绾，似双双彩凤、对对文禽，偕老图家庆。奈试期逼近，便往京城。宝镜尘蒙，妆台露冷，无限凄凉，总是奴薄命。提起倍伤情。历尽艰辛，却有谁偢问？遣愁愁人眉，却闷闷成井，无人诉审，孤孤冷冷，怎生安寝？

（占白）花开红梦乱莺啼，无端巧色送春归。伤春少妇频回首，云鬟蓬松懒画眉。娘子呵！（唱）

我看你鸦云慵整，香胶懒去匀，更忘餐废寝，魂梦飞惊，夜润兰膏烬。奴心中暗忖，只为官人，献策金门，误尔青春，因此上蒙方寸。本欲问衷情，怕你添愁闷，欲言还自省。娘行且放心，官人非薄幸，池边誓盟，生生死死，怎生安寝？

（旦白）红粉从来薄命多，形孤不必怨儿夫。古今多少青春女，节义能全有几何？（唱）

节义全能，乾坤有几人？想那从容就义，慷慨成名，芳名千古人。念奴家引领，愿效那孝妇贤妻，青标耿耿。夫！你事父事君，必当尽命，免被傍①人论。何处叙衷情，不见故人，只见闲庭影。清波素鲤沉，上苑灵鸿冥，芳心自惊。堆堆积积，何日得尽？

（占白）娘子不必意忡忡，人面桃花岁不同。世事浑如薤露梦，人生如寄少从容。（唱）

人生如瞬，乌兔循环紧。见薄轻云，香霭空庭，帘幕东风静。见娘行堪悯，为甚的终夜惺惺，镇日恹恹，瘦损腰围，憔悴容颜，不似当时俊。何处暗销魂，且放宽心，慢把云鬟整。豪杰岂虚生，飞腾终有辰。管教你夫荣妻赠，欢欢喜喜，永图家庆。（同唱）

【尾声】鸾镜尘蒙无处寻，锦官城外柏森森，画阁麒麟梦未成。

---

① 傍，同"旁"，下同。

（诗）

　　　　（旦）高堂白发景沉西，（占）游子为何去不归？
　　　　（旦）自恨红颜多薄命，（占）终朝洒泪湿罗衣。

　　　　　　　　第九出　寄书

（生唱）

　　【天下乐】嫦娥剪就绿罗衣，且喜蟾宫把桂扳。男儿已遂平生愿，寄鳞鸿，速报椿边。

　　（白）五百名中第一先，荷衣新惹御炉烟。谩夸姓字登科早，须信嫦娥爱少年。我今得中状元，今日修书回去，报与员外、娘子知道。杨兴何在？（末白）忽听叫杨兴，未审有何因？杨兴叩头。（生白）我今修书，差尔回家报与老爷、娘子知道。（末白）理会。（生白）看文房四宝过来。（末白）文房四宝在此。

（生唱）

　　文龙百拜，大人尊前。一旦离膝下，倏尔经年。阻断万里关山，那堪音信遥远。喜严亲媳妇安康。儿托椿庭庇，今朝喜中魁元，除授西川职，不得整归鞭。奉寸笺，奉寸笺心照不宣。

　　（白）杨兴，听我吩咐。（末白）请教。

（生唱）

　　寄书家乡，顿使离人心挂牵。拜上七旬严父，三宿兰房，阻隔关山，愁怀镇日闷恹恹。一时不得还乡井，报道平安。他日一家欢会，重相见。

（末唱）

　　不必忧烦，一一从头说细详。道尔功名成就，独占鳌头，位列鹓班。君恩羁绊不能还。员外、娘子呵！见书如见官人样，报道平安。一家欢会重相见。

（诗）

　　　　（生）差尔千里寄家书，（末）方寸已随鸿雁去。
　　　　（生）快马登程莫暂停，（末）须知家信值千金。

　　　　　　　　第十出　接报

（旦唱）

　　【金珑璁】浓绿乱莺啼，倚栏无语芳菲。人去远，几时归？

（白）雨过园林春意浓，琅玕新脱笋，绿丛丛，语声只在小池东。闲倚枕，直面菱荷风。斜日蔽帘栊，轻尘飞，不到画堂中。空一樽金液，与谁同？人如玉，相对月明中。（唱）

【二犯傍妆台】俊彦赴春闱，白衣脱却换荷衣。金莲烛，送归第，御炉香烟两袖携。夫，文章自古追光俊，造化谁言似小儿。鳌头已占，骥足当驰，捷音何日下瑶池？

（占白）娘子不必忧虑。官人呵！（唱）

文齐福亦齐，羡骐骥独步云衢。我和你，望云霓，意如痴，临妆不必羞鸾镜，侧耳花荫听马嘶。鳌头已占，凤阙来仪，捷音指日下瑶池。

（末唱）

【不是路】昼夜奔驰，且喜来到家门楣。（旦白）杨兴回来了。（末唱）特传示，蓝袍今已换荷衣。（旦白）官人得中几名？

（末唱）传胪日，官人名姓先居一。

（旦白）中了状元。

（末唱）万金家书，报与娘开视。

（旦唱）呀！果然是，九重恩阙蒙天赐。不胜欢喜。

（白）小玉，快请老老出来。（占白）老老爷，有请。（外唱）

【华地锦帨】今朝喜鹊噪高枝，灯花焰吐双连蕊，未知吉凶自何因？想必我孩儿佳音至。

（旦白）公公万福。你孩儿得中状元。（外白）孩儿得中状元，谢天谢地。你怎么知道？（旦白）有书在此。（外白）拿来我看。哈哈！果然得中状元。（唱）

【挣闺儿】我孩儿芸窗笃志，喜今朝名登高第。步青云手扳丹桂，白屋里顿生光辉。不枉了三更灯火五更鸡，名成后天下皆知。志愿足矣，富贵何为？早办归鞭，试整斑衣。早办归鞭，试整斑衣。

（旦唱）

我儿夫天生伟器，喜清庙选为圭璧。平白地名震春雷，这芳名永传青史。只怕你忠和孝两难持，家与国兼与福齐。志愿足矣，富贵何为？早办归鞭，试整斑衣。

（诗）

（外）教子攻书寸断，今朝喜尽步云梯。

若非受尽寒窗苦。(旦)安得名声金榜题。

第十一出　回子

(净唱)

鞑靼回回，住在戎西。头戴车离帽，歪歪整整齐。骑坐马，打战鼓，咚咚咂咂。管教一扫便回归，管教一扫便回归。

(白)鞑靼回回生外国，那及蛮子坐中朝。鸡鸣犬吠皆相似，只有乡谈语不同。咱单于王是也。如今秋高马肥，点起百万人马，杀过南朝，夺了他的花花世界、锦绣乾坤，岂不是好？小番儿何在？(小番上白)在。(净白)站在两厢听了。(唱)

月里梭桐甚么人栽？甚么人栽？九曲黄河甚么人开？甚么人开？甚么人把住在三关口？甚么人苦苦过番来？咳咳喠坤，坤坤喠咳，咳喠坤喠，杨六郎来。月里梭桐李老君栽，李老君栽。九曲黄河老龙王开，老龙王开。杨六郎把住在三关口，李世民苦苦过番来。咳咳喠坤，坤坤喠咳，咳喠坤喠，杨六郎来。嵩高山下插黄旗，好男儿骑马去征西。烈马儿不吃回头草，好男儿不弃脚头妻。妻也什么妻，咱去南朝撇不下伊。你在家中切莫胡为，你若胡为呵！(介)打一把钢刀哈也杀伊。饱饱吃，秃秃屡，醉醉吃，打辣酥。咭噜娑婆也，娑里吉婆伊，南奔又北驰，凯歌凯歌最为雄哩。

第十二出　奏反

(末唱)

【天下乐】忽闻边报若星驰，纷纷罗衣长驱至。忙启天听拜丹墀，如何区画平戎计。

(白)昨闻外国单于作乱，侵我边疆。吾乃黄门给事张纲是也。今乃早朝，不免奏上。掀开珠帘，月挂银钩，吾王万岁。(内白)殿下何卿？有事奏来，无事退班。(末白)今有外国单于作乱，侵我边疆。拐子马，铁浮图，其势汹涌，到处披靡，望吾皇降旨。(内白)闻卿所奏，龙颜大怒。当用何计？(末白)启奏我主，单于自古以来，三王不能臣，五帝不能服。当今之计，必不用穷兵黩武，须效惠、文故事，择一才学超群者前去修好，此乃万全之策。(内白)依卿所奏。举保何人前去？(末白)今有新科状元刘文龙、进士李燮，二人才兼文武，谋略超群，可以去得。（内白）宣文龙上殿。（生白）忽听君王召，不俟驾而行。吾王万岁。（内白）今有外国单于作乱，侵我边疆，无人退得。惟尔才兼文武，谋略超群，封你为正使，李燮封为副使，前去讲和修好，盟誓免动干戈。致身竭力，有功回来加封。谢恩。（生白）万岁。（末白）请了。（生白）学生晚进书生，此行恐辱君命。（末白）说那里话。状元。（唱）

【玉包肚】文武兼齐，才堪服势夷。

（白）以状元之才，服此小虏有何难哉？（唱）

定须效芥子、张骞，立功西城。（合唱）丹心报国，管取凌烟阁上，千古名题。

（生唱）

四牡骓骓，黄华万里驰。必须要勒石燕然，此心方已。（合尾声）

（末白）此乃朝命，不可羁迟。（生白）领命。

（诗）

> 吾王敕我去边廷，整顿戎衣莫暂停。
>
> 正是家贫显孝子，果然国难见忠臣。

第十三出 出使

（小生唱）

【菊花新】凤凰池上恩波迴，补衮谁当第一人。礼乐启文明，独对丹墀日未阴。

（白）金殿螭头紫阁重，仙人掌上玉芙蓉。太平天子朝元日，五色云中驾六龙。自家李固之子，李燮是也。本贯徐州人氏，表字伯理。与刘希璧八拜之交，忝中二甲之首。今蒙圣恩，敕赐与刘兄前去和番，在此等候。左右，刘爷一到，即来通报。

（生唱）

【侯山月】白衣才换紫袍新，王事羁縻，奔驰万里，望断家乡几片云。

（杂白）刘爷已到。（小生白）向日同窗八拜情，今朝献策又同登。相看不必同年录，协力同寅做太平。（生白）哎！贤弟。只道功名衣锦还，谁知出使好艰难。昭君怨恨毛延贼，我恨何人起衅端。（小生白）哥哥，正是：为官不知前后事，功名场上跨征鞍。雁飞不到衡阳地，人被高官似线牵。

（生唱）

【红罗袄】哎！贤弟呀！为功名受苦辛，拜丹墀，听玉音。好将圣谕昭胡虏，拟绝天骄拔汉旌。三檐伞盖身，五花头踏新。未知何日回朝也，做个还乡衣锦荣。

（小生唱）

苦寒窗，有几春，喜今朝，辅圣明。世间多少读书辈，金殿传胪能几人？

紫罗袍，长挂身，犀角带，傲黄呈。我和你怎耐和番也，做不得还乡衣锦荣。

（白）此乃朝命，不可羁迟，就此登程。（同唱）

【朝元歌】长亭短亭，渐渐狼烽近。山程水程，萋萋塞草青。自揣生平，心怀耿耿，说甚么鲸波惊。奉敕前行，青骢玉勒忙投奔。只见雁字北天横，砧声月下闻，总是离愁别恨。豪气冲缨，忠丹尽命。

（诗）

（生）词曲和番甚日归？（小生）不须忧虑苦嗟吁。

（生）直到九渊深水去，（小生）夺取骊龙项下珠。

第十四出　伏节

（净唱）

秃噜戎强，势雄北方。咱种类，别一样，英雄谁敢当？马上生，马下长，饥餐胆血卧风霜。哈哈猎当，猎猎虎当，猎猎虎当。

（白）等人易久，嗔人易丑。已曾差百万人马与南朝交战，不知胜败如何？怎的不见回来？好闷人也。

（生、小生同唱）

【金钱花】朝廷敕命非常、非常。途路受尽风霜、风霜。未知何日得还乡？须用计，把戎降。得胜后，面君王。

（小生白）朝罢金銮出玉关，风餐水宿动愁肠。班超出使俱邦顺，魏绛和戎五利长。（生白）姓字谩夸标异国，衣冠何日转家乡？须凭三寸安邦舌，胡魅归吾掌握间。哎！贤弟，来此犬羊地面，正是：山河风景虽无异，塞

171

外生民大不同。此间想必就是虏廷，不免自进。(小生白)哥哥进见虏王，必须抖擞精神，我权居馆驿。正是：眼观精捷旗，尔听好消息。(小生下)(生、末见礼介)(末白)请了。(生白)尔是何人？(末白)我是虏王驾前通事官。(生白)尔既是通事官，可去转达尔主，说南朝有一天使到此，叫尔国君臣俱要迎接。(末白)天使少待。启禀我主，南朝有一天使到此，叫俺国君臣俱要迎接。(净白)哈哈！南朝有天使到此，不知他来意如何？只得前去迎接。(见介)天使请了。(生白)请了。(净白)天使何来？(生白)听道。(唱)

【泣颜回】我本是汉宅小陪臣，胸中只有丹心。(净白)到此何干？(生唱)只为边疆不静，凋残我百万生灵。天王垂悯，命咱来宣扬雨露深恩。掩干戈，方才得海晏河清。

(净白)天使在上，我祖冒顿，围尔高祖于平城，岩非陈平建疑兵之谋，娄敬献缔姻之议，几不免围。我今雄兵百万，猛将千员，投鞭止流，挥汗如雨。铁浮图声轰辟历，拐子马电掣金蛇。宝雕弓弯如新月，金鎞箭疾若流星。旌旗指处，如太山压卵，尔国君臣能无惧乎？(生白)有何惧哉！记得元狩年间，骠骑特军出上党，大将军出定襄，斩虏首千万余级，掳王七百余人，勒石燕然，封狼居胥而返。只杀得阴山哭魄，瀚海啼魂，幕南无王庭，尔可知之乎？(净白)如今之计当何如？(生白)我国自惠文二庙以来，与尔国世世和亲。今日之计，当修旧好，求为甥舅之邦，彼此互持，往来络绎，老安少怡，共享太平，不亦乐乎？(净白)天使之言有理。南朝如天使者有几何？(生白)俺国文武全才者，百十余人；聪明特达者，八九十人；如某辈，车载斗量，何足算也。(净白)天使既来和亲，我有一女，年方二八，就与天使共享荣华，意下如何？(生白)我奉君命前来讲和，王事未终，岂可苟图亲事？待我回去奏过天廷，方才则可，如若不然，宁死弗从。(净白)天使既不允从亲事，咱又怕战不成？叫小番，将天使拿下，夺去符节，囚禁冷山，叫他插翅也难飞。(生白)哇！吾闻大丈夫富贵不能淫，贫贱不能移，威武不能屈。吾奉君命而来，岂可贪受生？宁触死阶前，候我天王兴问罪之师，大将军统领貔貅之众，把胡羯之地踏为池沼。你这小虏！你这小虏！(唱)

乾坤正气赋吾形，凛凛向日葵倾。平生耿耿，肯随着逐浪浮萍？冠冲怒发，我便去触死戎廷。

（末白）天使不必性烈。

（生唱）

我心性烈，怕甚么鼎镬刀砧！我若身亡后，方显得上国忠臣。

（末白）天使不必发怒，权在馆驿中安下，再做商量。（生诗）人生自古谁无死？留点丹心照汗青。（末白）启奏我主，天使乃是南朝好汉，望我主宽容缓。（净起身白）哈哈！他乃是南朝好汉，咱又岂肯害他？通事官，你可到馆驿中将好言语缓缓劝他，若得允从婚事，重重有赏。（末白）领命。

（净诗）

疾风知劲草，烈火见真金。

第十五出　允赘

（小生白）刘兄前去讲和，怎的不见回来？呀！只见他气昂昂，发冲乌帽；赤淋淋，汗透重衫；明晃晃，双眸竖耀；闷恹恹，万顷沉吟。哥哥为着甚的？愿闻其详。

（生唱）

【雁鱼锦】贤弟呀！我本是架海紫金梁，奉天王诏旨到遐荒。赖贤弟朝夕相亲傍，教我受不尽跋涉凄凉。实指望把干戈掩藏，谁知他那里逼赘东床。（小生白）他却如何说？（生白）他道我人才出众，学识过人，他有一女，年方二八，要赘为东床。我说：吾奉君命前来讲和，王事未终，岂可苟图亲事？宁死不从。他见我不从，就夺去符节，不须战争。（唱）因此上，恼得我气冲冲要触死戎廷上。（小生白）哥哥，你若如此，堂上椿庭谁人供养？（生白）吾闻为将帅者，受君命，则忘其家；野宿，则忘其亲；援枹而鼓，则忘其身。（唱）我也顾不得白发高堂。（小生白）哥哥，大丈夫何惧于死？一死有重于泰山，有轻于鸿毛。管仲仇囚，齐桓释待而相，后来一匡天下；孟明三败，秦穆不弃而用，后来遂羁西戎。（唱）思量，往古贤良，论忠君，为臣的怎肯坏败纲常。我心中忖量，暴虎冯河不是强。负亲恩，幼读文章。荒君命，官居议郎。忘爱妻，拆鸳鸯。三不可，怎效那匹夫匹妇沟渠晾。哥哥，依小弟愚见呵！倒不如权赴着云雨巫山。（生白）可为不忠？

（小生唱）你若允从亲事呵！免使提防。那时节便学傅芥子、冯奉世，立斩楼兰。　这也使不得。

（小生唱）倒不若趁秋风，乘皓月匹马南还。

（生白）贤弟这也说得是。事到如今，只得勉强相从，又做道理。

（生、小生同唱）

【尾声】忠贯日，气凌霄，终须有日得还乡，管教你竹帛垂名姓字香。

（末白）领了我主之命，忙来馆驿中，不免入进。天使请了。（生白）请了。（末白）领了我主之命，促整妆台，屏开孔雀，天使意下如何？（生白）若要我允从亲事，要依俺三件。（末白）哪三件？（生白）一不得侵我边疆，二不得提防出入，三要另盖一座公馆，不许塞儿戎帐侍我，朝夕与李副使盘桓则个，如若不然，有死而已，尚何言哉？（末白）天使既能允从亲事，这三件事，何愁我主不依？来日即赴巫山洞房花烛。

（诗）

苏武当年未娶妻，李陵卫律果愚痴。

来朝早把巫山约，免使仙娃冷玉池。

第十六出　凶信

（丑白）受人之托，必当忠诚其事。屡蒙宋官人挽我作伐，欲遂前谋。况刘相公中了状元，无计可图，如此奈何？宋官人他道今日来看我，想他不中，心下必然烦恼，到此何干？必是那桩心事。不免烹茶伺候。

（净唱）

一生命蹇时乖、时乖，带了风流债来，惹得鬼病恹恹害。见吉婆，巧安排。挽作伐，娶多才。

（白）一睹花容月貌，难拴意马心猿。几时娶到我身边，怡正是天从人愿。珠在骊龙项下，计旋万丈深潭。谩言成败总由天，我有十分妙算。自从见了萧氏娘子之后，心中时刻思想。如今文龙中了状元，敕赐和番去了，料他一时也难回。不免就此设一计巧，说他出使单于，单于见他人才出众，学识过人，家有一女，年方二八，要招他为婿。文龙乃是忠义之人，不肯允从，那单于见他不从，将文龙一刀杀了。那娘子青青年纪，焉能守得？那时节多把金银送与老员外作用，又有吉婆作伐，这个漂漂嫩嫩娘子也逃不掉，岂不是我的？我想往日拿三千贯钞，到今日才有下落。此计甚好，不免到吉婆家，叫他传信与刘家，岂不是好？转一弯，抹一角，来此已是，不免入进。吉婆快来。（丑白）是哪一个？原来是宋官人，这厢有礼。宋官人今科不中，试官无眼屈杀才，以待来科罢了。请坐，请坐。宋官人昨日才到家，今日就到小店，必有甚么好事见教。（净白）不为别事，只为朋友事。（唱）

【驻云飞】只为朋侪，千里忙传消息来。

（丑白）莫不是刘相公中了状元之后，又有甚么好处？（净白）你却不知道，刘相公中了状元之后，外国单于作乱，朝廷要选文武双全才者前去和番修好，圣上见他才貌果奇哉，就赐他与李燮二人前去和番，（唱）持节往边塞。（丑白）做个和番官也是好的。（净白）你却不知道，单于见他人才出众，学识过人，家有一女，年方二八，要招文龙为东床。（唱）便把雀屏开，强他偕。

（白）文龙乃是忠义之人，岂肯私婚夷女？那单于发怒，将文龙一刀杀了。文龙果然是忠臣，不怕。（唱）

视死如归，杀身慷慨，不把纲常坏。一旦身亡实可哀，谁料名成反受灾。

（丑白）果然被胡人杀了？（唱）

听说伤怀，可惜安邦栋梁材。前日闻他喜信，今又闻他凶信，正是人有不测灾，祸福相倚待。

（净白）也是他父亲命薄，娘子无缘。（丑白）宋官人，他既不幸，你却有缘了。（唱）

那迎亲事可偕。

（净白）吉婆，我今日到此，正是为着那桩事情，望你急忙就去报信，言语之中把那亲事上紧上紧。

（丑唱）宋官人，事当缓图，何须忙迫？你且慢安排。

（白）那员外年老，娘子青春，又有我这个撮合山儿，你愁他怎的？（唱）

管教你带绾同心，鱼水和谐，两两相亲爱，胜似高唐云雨台，且把相思事撇开。

（净白）吉婆，我昨日才到家，恐有亲戚朋友来看我，我且回去，所言亲事，要紧要紧。（丑白）宽心忍耐且从容，休为娇娥愁闷容。我到刘家传信息，管教亲事定相从。宋官人去了，不免到刘家报与员外、娘子知道。转一弯，抹一角，来此已是。萧氏娘子快来。

（旦唱）

【天下乐】忽闻堂上有人呼，只得经移莲步。

（白）吉婆，何事？

（丑唱）特地前来说缘故。

（旦白）有甚么缘故？（丑白）娘子，你却不知道。大官人中了状元之后，外国作乱，朝廷赐他与李燮二人前去和番。那单于见官人人才出众，家有一女，年方二八，要招他为驸马。大官人乃是忠义之人，不肯允从。单于发怒，将大官人一刀杀了。（旦白）吉婆，此信从何来？（唱）

快快说个详和细。

（丑白）小店来来往往的人都是这等说，我也不信，昨日宋官人不第而回，在小店经过，我问官人详细，他说边报亦如此说，老身方知有此，特来报信。（旦白）呀！这等当真了。（哭介）（唱）

哎！罢了夫！只望你求得一官半职回来，改换门间，封亲荣妻。谁知今日倒撇下八旬老父，三宿妻房，一旦丧于胡人之手，也是枉然。莫、莫不痛杀我也。（丑白）娘子醒来。

（旦唱）

【驻异女】听说魂飘，冷落鸳鸯，冷落鸳鸯断鹊桥。夫！你青史把名标，白发将谁靠？提起泪珠抛，伤怀抱。水涨蓝桥，凤去台空，从今后盼不见夫来到。悔杀当初贺圣朝，闪得我有上梢来没下梢。

（丑白）员外快来。

（外唱）

堂上有人，何事喧嚷？

（白）吉婆何事相顾？

（丑唱）特地前来说缘故。

（外白）有甚么缘故？（丑白）老员外，你却不知道。大官人中了状元之后，外国单于作乱，朝廷赐他与李燮二人前去和番。那单于见官人人才出众，学识过人，家有一女，年方二八，要招为驸马。大官人乃是忠义之人，不肯允从。那单于发怒，将大官人一刀杀了。

（外唱）

吉婆此信从何来？快快说个详和细。

（丑白）小店来来往往的人都是这等说，老身不信，昨日宋官人不第而回，在小店经过，我问官人详细，他说边报亦如此说，老身方知有此，特来报信。

（外唱）

呀！这等当真了。哎！儿！你老父皓首庞眉，你妻子朱颜绿鬓，你今丧于胡人之手，叫我两个倚靠何人？莫、莫不痛杀我也。

（旦白）公公醒来。

（外唱）

痛杀儿曹，坑陷忠良恨怎消？儿！你伏节把身抛，不顾亲年老。提起暗魂销，泪痕浇，寸断肝肠，心内如烧。我老景依稀却把谁来靠？错教孩儿辅圣朝，闪得我有上梢来没下梢。

（丑唱）

老员外，不必心焦。小娘子，莫把容颜坏了。想你是生前造，休得多烦恼。堂上老年高，无依靠。月貌花容，青春年少，别选良缘，与你同偕老。

（旦唱）

哎！休得要胡言口乱嘲，闪得我有上梢来没下梢。

（诗）

（外）只望孩儿衣锦归，（旦）谁知生死在边陲。

（外）夫妻好比同林鸟，（旦）大限来时各自飞。

第十七出　赏月

（占唱）

【绕地游】霜天满目，海角悬围玉。问嫦娥，何事孤独？

（白）皓月挂疏桐，漏断人初静。惟有幽人独往来，缥缈孤鸿影，惊起却回头，有恨无人省。拣得寒枝不肯栖，枫落湖江冷。父王将我招与驸马，则见他愁眉不展，脸带忧容。只为家乡万里，音书廖阔，也怪不得他。他又另盖一座公馆，在外居住，与俺这里十出九不归，也由他罢了。今乃中秋佳节，着人去请他前来，把都们何在？（杂白）公主在上，把都们叩头。（占白）你去馆驿，请驸马爷到来玩月。（杂白）会得。

（生唱）

【十二时】塞草烟光阔。秋来黄叶。正随北雁南飞，音书难托。未卜椿庭若何，教我盈盈泪落。

（白）塞下秋来风景异，衡阳雁去无留意。四面边声连角起，千嶂里。长烟落日孤城闭。浊酒一杯，家乡万里。燕然未勒归无计，羌管悠悠霜满地。人不寐，将军白发征夫泪。想我爹爹年老，妻宿三朝，指望和番就回，那想单于招为婿，陷在此地，未知何日得回？且喜此女颇贤，出入由我。不相防忌。今乃中秋佳节，月色澄清，思想起来，人居两地，月共一轮，又添我一番愁闷。（杂上白）启上驸马爷，今日中秋佳节，公主娘娘请驸马爷回宫一同玩月。（生白）回去禀告公士，我就来也。今日不去，怕他反生嫌隙，怎得脱身？只得走一遭也。摆道前行。（唱）

【胜葫芦】雕鞍骏马扬金勒，早赴瑶台探明灭。举杯邀饮成三客，只怕羞杀嫦娥一轮明月。

（杂白）到了。禀告公主，驸马爷已到。（占白）状元，为何连日不见？（生白）前日与李公爷自祁连发足，绕贺兰山而回。登单于台，祭昭君墓而返。迟延数日，以此抛别，万罪，万罪。（占白）夫妻之间，何必如此。今晚中秋佳节。银河清浅，万籁无声，乃人间胜境，岂容虚度？贱妾聊具疏酌，请状元一同玩月。（生白）如此多谢了。（占白）把都们看酒来。（唱）

【高阳台】长空万里，云无留迹，冷浸一天秋碧。玉宇琼楼，皓魄飞来光泻。状元请酒！欢悦，起舞徘徊。风霜下，人人俱在清虚国。更江山如面。望中烟树历历。

（宫女白）驸马爷未曾回敬娘娘的酒。

（生唱）

清澈，千里关山。一家骨肉，共此婵娟。明晰广寒，仙子娉婷，谩劳提挈。嗟彼乌鹊，缥缈惊飞，那得一枝停歇？更四下牧马嘶风，几处胡笳悲咽。

（占白）酒不行。叫宫女们，敬驸马爷的酒。（唱）

奇绝，万里青天。嫦娥何处，驾此一轮魄？闲云收尽，海光天光影相接。仙客，一枝桂影扶疏，留此待君扳持。莫惜金樽邀月饮，酒醉方歇。

（生白）酒醉了，不饮罢。（唱）

心热，敲断玉钗，乘鸾归去。看那垂天鹏翼，万叠苍山，总是愁肠泪血。悲咽，短发萧疏霜袖冷，孤光自照冰和雪。我心中无限凄凉，却对谁说？

【尾声】离人吹断潇湘竹，惹我愁肠万斛，只怕兔走乌飞韶光促。

（诗）

> 光明似箭，日月如梭，好景良宵能几何？
>
> 遇饮酒时须饮酒，得高歌处且高歌。

第十八出　荐亡

（旦唱）

【忆秦娥】儿夫不幸没沙场，灵魂缥缈他乡。哀求法主慈悲，超度沦亡。

（白）儿夫死后，骸骨未归，朝夕牵挂。昨日禀告公公，叫几个长老，做些功课超度丈夫，招取灵魂还乡。小玉何在？（占白）忽听娘行叫，忙步到跟前。（旦白）小玉，昨日叫你对院子说，倩几个僧人超度官人灵魂，怎的不见到来？（占白）想必来矣。

（僧上唱）

暑往寒来春复秋，夕阳西下水东流。将军战马今何在？野草闲花满地愁。南无阿弥陀佛。

（末白）已到我家。长老少待，我去通报老爷再来迎接。（见介）启上娘子，僧人已到，俱在门外。（旦白）请老老爷出来迎接。（旦下）（末白）老老爷，有请。

（外上唱）

【前腔】孩儿身丧在他邦，幽冥两地茫茫。谨焚香，虔诚仰叩慈航。（僧见介）（僧白）启上老老爷，呼唤小僧，做些甚么善事？（外白）为孩儿死在沙场，做个招魂超度的斋。（僧白）既如此，老老爷就是香主。（外白）然也。（僧白）老老爷暂回，只叫任事的打点斋堂，做起法事再请老老爷上香。（外下）（僧白）徒弟，疏款写完，铺设齐备，敲起法事，就此起斋。（小和尚在此唱起。完后，老僧起法事）（唱）

南无，香檀爇（唱三句），炉焚宝鼎中。称承与堪供，香云缭绕莲花动。诸佛菩萨下天宫。天台三罗汉，来受人间供。南无，香供养菩萨，菩萨摩诃萨。杨枝净水，遍洒三千。虚空法得利神仙。恶鬼远遭，灭罪消愆。南无，清凉境菩萨，菩萨摩诃萨（三句）。

（白）请老老爷上香。

（外唱）

一炷清香告上苍，孩儿当时赴科场。谁知身死幽冥地，伏望弥陀到上方。今日里，荐刘郎，超升一度，一度上天堂。

（僧白）小玉，请娘子上香。

（旦上唱）

奴家夫婿是贤良，不料生死在他方。今日虔诚求佛祖，惟愿慈悲作法航。今日业，荐刘郎，超升一度，一度上天堂。（下）

（僧白）小玉上香。

（占唱）

小玉献灯灯供养，光明显耀照十方。照破幽冥离苦海，皈依三宝乐无疆。

今日里，荐刘郎，超升一废，一度上天堂。

（僧白）院子上香。

（末唱）

员外娘子起道场，相公上游好恓惶。今朝特地参三宝，带挈官人往上方。今日里，荐刘郎，超升一度，一度上天堂。

（僧白）和尚上香。

（僧自唱）

稽首皈依祷上苍，金猊贝叶吐清香。惟愿如来宏普济，九莲台上放毫光。今日里，荐刘郎，超升一度，一度上天堂。

（僧白）沙弥上香。

（丑唱）

行者从来没店三，常随师父赴斋堂。一卷心经都念错，摩诃不惹波罗糖。糖哩即是蜜，蜜也即是糖。今日里，荐刘郎，超升一度，一度上天堂。

（僧白）一去一不见，二去二不回。若要重相会，除非梦里来。孝妇虔诚，酒当初奠。（旦上，下跪，上一支香）

（僧接唱）

【浪淘沙】生我离娘胎，铁树花开。三年乳哺，乳哺在娘怀。不是神仙天保佑，怎得人间来？海角与天涯，世事如麻。功名富贵，富贵总休夸。自古神仙能有几？浪里淘沙，浪里淘沙。

（白）朝回日月典春衣，每日街头尽醉归。酒债寻常行处有，人到七十古来稀。孝妇虔诚，酒当亚奠。（旦上，上第二技香，跪）

（僧唱）

彭相寿延长，今日在何方？颜回不幸少年亡。任他堆金并积玉，难保无常。白发老来催，渐渐衰猥。头低背曲步难挨，耳聋不听人言语，眼怕风吹。

（白）人生好似一根柴，倒在地下不起来。三日不吃阳间饭，一去去到望乡台。孝妇虔诚，酒当三奠。（旦上，上第三技香，跪）

（僧唱）

死去见阎君，苦楚难当。望乡台上，望乡台上望家乡。上告阎君慈悲我，放我还阳。一去永无踪，何日相逢？除非纸上面真容。自古三王并五帝，难保始终。

（白）奠饮葡萄酒，亡魂醉似仙。双双童子引，烧纸化灵钱。（唱）

烧纸化灵钱，灭罪消愆。蔡伦造纸，造纸打成钱。今日对灵烧在此，荐往西天。

（白）奠酒已毕，送亡散斋。恭喜贺喜，功德圆满。

（诗）

　　　　　　（僧）法事今朝日已全，果然功德值良缘。

　　　　　　（外）多谢吾师施法力，亡魂超度上西天。

第十九出　逃回

（生唱）

【生查子】骐骥系红绳，忠梗成虚影。翘首望乡云，漂泊何时定？

（白）自别家乡念一秋，每日归计恨无筹。今朝虏去追狐兔，跳出樊笼任意游。身居胡地，心在家乡，那有时忘却归南之念，恨不得插翅而飞。今日胡人俱去打围，还有三五日不返，不免趁此机会脱身逃走，谁来追赶？纵有追赶，不过弱卒羸夫而已，焉能及我？已曾差人去请李弟到此，怎的不见到来？（小生白）鸳鸯本是飞禽性，养杀终身不恋家。我见刘兄每每有逃归之念，今日胡狗出猎之秋，不趁此日而去，还等到何时？来此是他公馆。通报。（生白）贤弟，今日胡人出猎，归期在此一举，贤弟意下如何？（小生白）正是机不再得，时不可俟，就此登程。（上马介）

（生、小生同唱）

【黄莺儿】悄悄去戎廷，快马登程莫停。披星戴月敲金镫，听胡笳数声，见牧马悲鸣。只愁那胡房游骑近。向前行，心忙似箭，两足走如云，两足走如云。（进台。丑扮驿子上）

（白）一截树，中间空，两头挽倒不通风。刘爷升堂打三下，不通不通又不通。

（白）自家驿丞便是。领了公主之命，前往驸马爷馆驿问安。天色尚早，就此前去问安则个。呀！天未曾明，为何驿门大开？不免入见。刘爷，驿子问安。不在堂上，便在床上。刘爷，驿子问安。不在床上，便在毛厕上。刘爷，驿子问安。呀！里面没有人。待我看来。不好了！前门后门都开了，刘爷与李爷私自逃走了。（唱）

急报，急报，报与公主娘娘知道。（行介）

（白）启上公主娘娘，不好了！驸马爷与李副使昨夜私自逃走了。（占惊介）（唱）忽听雁南飞，未审真和伪，

（白）果然走了？（丑白）走了。（占白）短幸死的！十八年恩爱就是这样下场。（唱）

莫、莫不是痛，痛杀我也。

（丑白）公主苏醒。

（占唱）

【黄莺儿】提起好伤情，想他真是薄幸人，半生恩爱如泉冷。骂娇才数声，叹奴家缘分轻。终身仰望成虚另。鸾镜分，山盟海誓，从此与谁评？

（白）哎！他既忘恩负义，想他怎的？驿子，量他去也不远，快快点一哨人马，前去追赶回来，重重有赏。追赶不回来，扣腿四十。（占下）（丑白）任他走上焰摩天，足下腾云须赶上。牢子们。（杂上）（丑白）唗唗！牢子们，与老爷并坐起来了，好大胆！（杂白）那有人没有名姓，甚么牢子们、牢子们？（丑白）是，统统说得有理，难道人没有名姓？请问二位高姓尊名？你姓甚么？（杂白）我姓太。（丑白）叫甚么名字？（杂白）叫公。（丑白）你姓甚么？（杂白）我姓祖。（丑白）叫甚么名字？（杂白）叫宗。（丑白）哈哈！太公，祖宗。（杂白）请太公、祖宗出来有何事情？（丑白）太公、祖宗，不好了！昨夜驸马爷与李爷私自逃走了，如今公主娘娘命你我带领一哨人马前去追赶回来，重重有赏。追赶不回来，扣腿四十，一板子都不饶。（杂白）赏，赏那一

个？（丑白）赏吗！赏我老爷。（杂白）打，打那一个？（丑白）打吗！就打你们。还打我老爷不成？（杂白）这样说。

那我们不去。（丑白）太公、祖宗快快回来。（杂白）怎样说？（丑白）打就打我老爷，赏就赏你们，可好不好？可去不去？（杂白）这样说我们就去了。（丑白）快牵马来。（杂白）驯马都去打差去了，只有一匹新破鞍儿马。老爷谨慎，要骑稳了。雌马赶起骚来，不要跌下来了。

（丑唱）

【金钱花】我们就此登程、登程。两足奔走如云、如云。说甚么长亭共短亭。行路紧，似流星。快赶上，赏非轻。快赶上，赏非轻。（进台）

（生、小生上唱）

玉骢金勒奔腾、奔腾。望空指斗南行、南行。哪怕山程共水程。心似箭，足如云。脱得去，谢神明。脱得去，谢神明。

（进台）

（杂上白）老爷快来。

（丑上唱）

【四块玉】走、走、走得我喉干气咽，赶、赶、赶得我两腿不接，扯、扯、扯不住性傲最烈。慌忙赶上那刘爷，娘娘心中才欢悦。说得我们我捷，我们我捷。（下）

（生、小生上唱）

今朝戴月披星、披星。自甘宿水劳神、劳神。急忙奔走不留停。心似箭，足如云。脱得去，谢神明。

（白）且喜来到雁门关。开关。（内白）尔是何人？（生、小生白）十八年和番官刘奉使、李副使。（内白）可有符节？（生、小生白）符节在此。（内白）开门。

（生、小生唱）

心似箭，足如云。脱得去，谢神明。脱得去，谢神明。（下）

（杂上白）老爷快来。

（丑唱）

跌、跌、跌得我两腿俱折。

（杂白）快牵马来。（丑白）也骑不得马了。（杂白）骑不得马，步走吧！（丑白）也走不得了。（杂白）走不得就爬。（丑白）等我来爬爬看。（唱）

爬、爬、爬一个沙洲探鳖。

(白)也爬不动了。(杂白)爬不动，滚也是要去的。(丑白)好厉害，滚也是要去的。待我滚滚看。(唱)

　　滚、滚、滚一个冬瓜下缺。

(杂白)杀门！老爷滚也滚不动了。(丑白)娘娘知道打一百，好比狠铁匠来打铁，打一个辟历叭喇不歇，辟历叭喇不歇。(白)来此甚么所在？(杂白)雁门关。(丑白)你们前去叫开关。(杂白)开关。(内白)招箭。(杂白)喂呀！我们哄老爷，叫老爷去开关。老爷，叫你去开关。(丑白)好大关！还要老爷亲自去开关。开关。(内白)招箭。(丑白)好厉害！牢子们，刘爷与李爷都过关去了，你我怎能赶上？大家用个主意回禀娘娘。(杂白)还要老爷定一计。(丑白)还要我定一计——有了。急赶急走，慢赶慢走，赶急了，刘爷与李爷往那江中一跳。(杂白)尸首？(丑白)洪水荡去了。(杂白)此计甚好。(丑、杂同白)得放手来须放手，得饶人来且饶人。

第二十出　回朝

(小生唱)

【粉蝶儿】叩首金阙对龙墀，我将和番巅末从头整，愿赐还乡井。

(白)且喜回朝，我当上奏。来至午门，不免跪奏。掀开珠帘，月挂银钩。吾王万岁。(内白)殿下何卿？有事奏来。

(小生唱)

【驻云飞】启奏天庭，昔日和番出雁门，向被单于禁，强迫婚姻，因此两国息刀兵。文龙呵！他丹心耿耿若回倾，潜踪秘迹还南境。伏望王听，昼锦荣归，敕赐还乡井。

(内白)寡人听奏，龙心大喜。文龙尽忠报国，岂可就着还乡？权擢为西川按抚、五十四州都典之职。李燮不受君命，亦为有功，升西川州刺史，俱限三日赴任。叩阙谢恩。(小生白)万岁，万万岁。正是：今朝奏得准，也是我运达皆通。

第二十一出　逼嫁

(丑唱)

【生查子】两足走忙忙，只为凤求凰。若得偕连理，媒钱到我行。

184

（白）领了宋官人言命，到刘家取讨前帐，恳求亲事。来此已是，不免入进。员外有请。

（外唱）

【懒画眉】床头蟋蟀恼人肠，枕簟生凉睡不安。起来无事凭雕栏，嫦娥孤零无人伴，好赴高唐梦楚王。

（丑白）员外万福。（外白）吉婆少礼。到此何干？（丑白）不为别事，领了宋官人言命，叫我前来求亲。（外白）怎奈我媳妇坚心守节，不肯改移。一时难允。（丑白）哎！老员外差矣。他是你媳妇，你是他公公，万事由得你，由不得他。今日一吵，明日一闹，妇人家水性杨花，他自然肯了。（外白）也强不得他。姻缘，姻缘，事非偶然。你且回去，再来听信。（丑白）员外，我也不去见你娘子，亲事还要老员外做主。姻缘虽是前生定，半由天命半由人。（进台）（外白）自恨当初没主张，教儿应举上长安。年来自断长安路，孩儿端底是沦亡。将彩凤，续文凰，免教少妇叹孤孀。冰人月老传佳信，早把鲜花配玉郎。老夫，莫是孩儿去后，只望他衣锦还乡，谁知出使单于，死在沙场。苦！老夫景暮西山，难免风烛之叹；媳妇孤灯寥寂，岂无白首之悲？吉婆劝我将媳妇改嫁宋中，养我余年，此事未为不可。只是我那媳妇，德性虽则温柔，节操十分贞烈。不免叫他出来，将好言语缓缓劝他便了。小玉，快请娘子出来。

（旦唱）

秋蝉叶底噪斜阳，阵阵金风透碧窗，拥衣无语对残妆。星星白发高堂唤，莲步轻移出绣房。

（白）公公万福。（外白）媳妇一傍坐下，听我道来。媳妇，夫乃妇之天，夫既不幸，亦妇之不幸也。你看，桃李芳菲艳正浓，可怜孤寡绣帏中。年来世态时时变，家计凋零事事空。莫把真心托皓月，好将花貌对芳丛。吾儿若肯回心意，御水先题一叶红。（旦白）公公在上，容媳妇一言。古人云：忠臣不事二君，烈女岂嫁二夫？夫既不幸，奴甘身死，永从亡人于地下，岂惜残生，苟延岁月于目前？奈公公年老，无人侍奉，陷夫不孝之愆，只得少留旦夕，强承菽水之欢。奴家虽不敏，望孝妇贤妻，垂名竹帛，亦恪之母训，尽妇道而已。（唱）【孝顺歌】论夫妇，恩义长，万古纲常恩不忘。夫既丧他邦，糟糠岂下堂？心中忖量，生则同衾，死则与他还同圹。若重婚，则除非溪水西流，日落扶桑上。

（外白）媳妇言之有理，但时势不同。（唱）

休执一，当达权，古今贤良有几般？

（白）我说几个古人，你且听着。昔有个雍姬问母：夫与父孰亲？其母告曰：人皆夫也，父一而已。是以雍姬杀夫，后人以不嫌议之。管仲事子纠，子纠被桓公杀之，管仲不为子纠报仇，而反成桓公之伯业，民到如今称之。（唱）

就是雍姬人杀夫，管仲忘君恩，他两个千古称贤。况文龙与你伉俪仅三朝。不必恁留恋。你若改嫁宋中，他家赀财巨万，学识过人，使你无夫而有夫，使我无子而有子，两全其美了儿！好一似枯木重华，月缺今又圆。

（旦白）公公在上，所言差矣。奴闻女则有云：一与之醮，终身不移。岂因盛而改节，存亡而易心？昔日聂政之姐，立死尸傍，以成弟之名；王陵之母，对使仗剑，以全子之义。况夫妇又非弟与子比，是以刲目断臂，割发倾身，载诸史册，耿耿不磨，不过要全节而已，岂惜一死哉？（唱）

心耿烈，志坚刚，竹劲松青耐岁寒。奴死有何妨？只怕亲老难成养。心中再想，慷慨杀身易，从容就义难。待奴侍奉公公百年之后，那时节死向黄泉，与我儿夫相亲傍。

（外白）哇！你这泼贱，好生无礼。我只念你青灯寂寞，锦帐凋零，故作泰山之主，开方便之门，你倒把言语冲撞与我。那里要你侍奉，好好出门去罢！出门去罢！（旦白）公公所言差矣。你不必发怒，我与你孩儿在洗马河边立下山盟海誓，待我还了旧愿，再做区处。（外白）媳妇今朝见识迷，重婚不允把咱欺。本当将星托明月，谁知明月照沟渠。吽！守来我看，守来我看。（旦白）好笑，好笑。公公说话甚朦胧，勒我重婚嫁宋中。一马双鞍难进步，两牛一轭岂相容？香魂此去随流水，玉躯须教逐浪中。若要奴家重改嫁，除非木鱼化成龙。

第二十二出　过娉

（丑唱）

喜笑呵呵！今朝喜气多。花红表礼，顶礼谢媒婆。

（白）领了宋官人言命，前往刘家过聘。来此已是，不免入进。老员外快来。

（外唱）

自恨当初，错教孩儿上帝都。身丧幽冥地，这苦堪谁诉？

（白）吉婆到此何干？（丑白）领了宋官人言命，特来过聘。（外白）拿来我看。（丑白）这是彩缎，这是金银，还有表礼随后送来。望员外收下，宋官人心下才稳。尚候员外择吉，拜门成亲。（外白）吉婆听我道来。（唱）

他夫妻可比着德耀伯鸾，坚信守节不肯变迁。襄王梦断，蓝桥路断，仙郎怎得成姻眷？

（丑唱）

员外听言，事岂偶然，自古鸾胶，能续断弦，管教指日成姻眷。

（白）只要员外收下聘礼，做下泰山之主，娘子飞上天去不成？那个新人肯上轿？员外你去想来。（外白）吉婆所言甚是有理。

（诗）

今朝丝幕已牵红，始信姻缘邂逅逢。

鹊桥稳架银河渡，犹恐襄王在梦中。

第二十三出　金星　卖钗　投水

（末唱）

我是长庚太白星，腾云下降救凡人。手执法水挥三界，火里莲花大地春。

（白）云头观见南阳萧氏为夫守节，公公逼嫁不从，前来投水。不免手拿云帚，闪在一傍，从空而出，提起天罗地网人。（下）

（旦唱）

【临江仙】纷纷黄叶空中坠，愁人几度暗伤悲。休教之子咏于归，必须弃置黄泉，此心方无愧。囊箧萧条家计无，可怜夫丧妾身孤。红颜自古多薄命，翘首金风泪眼枯。

（白）昨日公公逼奴改嫁，辱骂一场，只得含忍罢了。自从丈夫去后，家延绝废，甘旨不敷，如之奈何？奴有金钗一对，当初与夫分别之时，各收一支以为后念。夫君既死，此钗留他也是枉然。不免叫小玉取钗来。（占白）娘子，钗在此。

（旦唱）

【驻云飞】睹物伤悲，双凤钗头两处飞。临行各一技，只望相比对，夫去不回归，痛伤悲。奴在家中怎生飞？直哭得肝肠碎。（白）小玉。（占白）有。

（旦唱）

急卖钗儿奉亲帏，冷地思量心惨凄。（占遇丑，拉回介）

（丑白）小玉姐往哪里去？（占白）只为员外缺少甘旨，娘子叫我去卖钗，供养公公甘旨。（丑白）不要去卖钗，随我回去见你娘子。娘子，这几日不曾见你，容颜为何这等憔悴了？我想你往日可！（唱）

翠绕珠围，仪貌花容真果美。今日可！容颜皆憔悴，贫苦堪谁比？你去到宋官人家受用哪一件？他金谷似山堆，多发迹。用的是呼奴，死掉穿的是锦绣罗衣。那时节奉养高堂少甚珍馐味？何必痴心苦自推？足系绳，难脱离。

（旦唱）

长舌无知语，去来说是非。我这里，岂肯移往日生计。我本是黄菊傲霜枝，尽胡为，节操坚钢，矢心无二。不比——

（丑白）不比怎的？

（旦唱）不比你这寻常辈。

（丑白）为何骂起我来？

（旦唱）骂你虔婆起祸危。

（丑白）不要骂我，明日去到宋官人家，两人得意，还要谢我。

（旦唱）打你奸婆待怎的！（丑下）

【锁南枝】忒过分，公所为，全然不顾恩义亏。奴身值恁的。

（占白）娘子不要说此话。

（旦唱）在世囊存济。

（占白）公公年老无人侍奉。

（旦唱）哎！小玉。蝼蚁尚且贪生，为人岂肯愿死？我也是出乎不已。

（占白）娘子且自宽解。

（旦唱）我的事，你尽知，夫君丧，骸不归。

（占白）说那里话来，官人生死不明。

（旦唱）公公年老步难移。小玉可！没奈何，望你替我勤供菽水。

（占唱）娘子可！你本是千金体，不履危，莫视琅玕草莽微。

（旦白）快去卖钗。（占白）晓得。（唱）

我想人间女子。有谁似我主？娘子官人没了，守制二十余年，公公如此逼嫁，家事因此萧条，他又百折不能回，意马牢栓定，共将比美。昨日见员外收下宋家聘礼，又与吉婆强辩一场，今日见娘子所说言语，令人胆战，心下猜疑。我待要去时，行一步又趑趄；欲待不去时，他又将身靠谁？不免回去说个明白。（旦白）小玉为何去而复返？

（占唱）

哎！罢了娘子！非是小玉去而复返，今日见娘子所说言语，令人胆战，心下猜疑。我去后，只怕你有差池。那时节，叫小玉将身靠谁？

（旦唱）

休过虑，莫妄推。我本明月愈光辉，为小可！岂肯把珠帘劈碎？

（占白）娘子有甚么意念，千万不要瞒我。（旦白）没有甚么意念，放心前去。（占白）我有道理，不免禀告员外得知。正是：莫信直中直，须防仁不仁。（旦白）小玉，小玉。呀！小玉去了。不免去到洗马河边，寻个自尽罢了。（唱）

【清江引】闻夫死节沙场地，难辨真和伪，惹得游蜂闲，惊起海棠睡。恨娇才，做奴家催命鬼。

（白）说话之间，不觉到了。（唱）

陌上孤鸿和泪闻，新啼痕间旧啼痕。一秋风雨急，北雁无消息。金井坠梧桐，断肠泣西风。归则何日归？流水滔滔去。

【山坡羊】俺则见，白茫茫难回首的流水，远迢迢不回来的夫婿，孤单单受凄凉的老亲，影茕茕受寂寞的萧氏女。苦！公凌逼，叫奴家怎支持？

（白）公公相逼，在一日，吵闹一日，在两日，吵闹两日。不免投水而死。免得吵闹。（唱）几番要把奴身弃。

（白）哎！差矣！丈夫去后，只有年老公公在堂，又无三兄四弟，奴者一旦身亡，知道的，公公逼嫁，投水而死，不知道的，说甘旨不敷，反加不孝之名，奴家也是枉死了。奴若死后可！（唱）

怎奈没主的孤魂，孤魂谁看取？思之，思之寂寥怎度时？伤悲，伤悲汪汪独自挥。

（白）哎！奴本为着公公逼嫁，悄悄来到此间投水，今又这等回去，反讨一场辱骂。奴今为夫全节，还说甚么孝？毕竟还是死的是。不免拜别公公，你媳妇再不来侍奉你的甘旨了。公公，你是迫崿嵫不久留，奴已身亡赋柏舟。苹蘩菽水温清事，今朝俱付与东流。三宿夫妻一旦灰，先向黄泉去等伊。君身未作秋胡比，奴家先做秋胡妻。（唱）

滴流流难穷尽的珠泪，乱纷纷难宽解的愁绪，急忙忙跳入波心去。

（白）哎！河伯水官，水母娘娘，望你收入阴司里。我若不死呵！（唱）

教奴家怎肯将名儿秽。今朝甘做幽冥鬼，做了没主孤魂，孤魂谁堪悯？（同前尾）

【尾声】千愁万苦难存济，将身跳在波涛里，青史名标作话题。（金星救介）

（末白）娘子衣貌堂堂，因甚投水？（旦白）一言难尽。（唱）

【玉包肚】公公听启，容奴说详细。为高堂苦相凌逼，逼奴家别家伉俪。我心匪席，只得拼命捐躯，全吾节义。

（白）我丈夫姓刘名文龙，中了状元，敕赐和番，被胡人所杀。公公逼奴改嫁，出乎无奈，只得投水。（末白）娘子，你不说我也尽知，听老夫道来。（唱）

娘行听启，听吾说因依。你丈夫身居荣贵，指日里昼锦荣归。不须倾弃。管教你夫回。他心罢矣，娘行不必苦嗟吁。夫已高官，驷马车。我到京中传消息，定许不日转门间。

（白）娘子，你若不信，我与你纸钱一张，丈夫若在，纸钱自沉，丈夫不在，纸钱自浮。娘子，你看，那有人叫你。（旦白）在哪里？（末白）神仙若不分明白，误了凡间多少人。（下）（旦白）呀！原来是个神明。宁可信其有，不可信其无，不绝将纸钱抛入水中看来。呀！果然沉了。或者丈夫还在，也未见得。且自归家，再做道理。（坐河边）（外上白）吾年老，儿早摧，欲赘螟蛉媳又推。小玉，娘子往那里去了？（占白）口口声声要往洗马河边寻个自尽，只怕那里去了。（外白）哎！我本为他们，他反寻自尽。小玉。（占白）有。（外白）他既去了，我与你闲讲做怎的？即忙去赶他回，莫使他丧归泉世。呀！当真在此。（唱）

哎！罢了文龙！我的娇儿！若还留得你在，焉有今日这苦、苦了儿！我在世，果无为，倒不如我死，免把他连累。哎！小玉。你还扯我做怎的？（同尾声）

（占白）公公且自宽解。娘子呵！（唱）

撇得我，家无主，倚靠谁？一旦如何并死危！你看遍身水和泥，玉石风前坠。呀！怀中为何有纸钱，纸钱做怎的？

（旦白）我在此投水，有一公公救我，说我丈夫还在，我却不信，他把纸钱与我，丈夫若在，纸钱自沉，丈夫不在，纸钱自浮。（占白）宁可信其有，不可信其无，待我抛入水中看来。呀！果然沉了。（唱）

一片纸钱儿，抛入在水中，似石自然沉到底。良善天地庇，神圣相扶持。哎！罢了员外、娘子！这等看将起来，官人死则未明，生则有准了。员外，到此际，更可疑。劝老爷与娘子，且自归家做道理。

（诗）

自叹今朝死里生，归家洗耳听佳音。

万事劝人休碌碌，举头三尺有绅明。

第二十四出　托梦

（生唱）

【菊花新】久羁朔北已销魂，俺只为久别椿庭。谁想沐天恩，利锁名疆怎脱身？

（白）异国潜身归故国，他乡魂梦到家乡。君王不见降恩诏，只许披星出汉关。和番归来，只望归家养亲，谁知圣上不准我表章，限在三日莅任西川，只得写表章谢恩。左右，看文房四宝过来。（唱）

【解三醒】实指望，听鸡鸣，问老亲。又谁知，上金銮，辅圣明。当年空寄苏卿雁，今日虚空仁杰云。只望你三牲五鼎供甘旨，反被你，冷落斑衣菽水情。还思省，这都是文章误我，我误椿庭。哎！妻呀！实指望与你共鸳鸯，同向寝，又谁知，孤凤栖，绝玉音。俺这里，思妻空做襄王梦。你那里，为我空伫巫峡云。（书介）只望你五花官诰荣妻荫，反被你撇却糟糠结发情。还思省，这都是功名误我，我误佳人。却是我，误了妻房。

（白）不觉精神困倦，少睡片时，多少是好。（末白）大地乾坤走一遭，免叫人在暗中行。自家太白金星是也。特来托梦与文龙，叫他辞朝回家，夫妻尚有团圆之好。来此已是。刘按抚醒来，听我吩咐。（唱）

【驻云飞】听说原因，我是长庚太白星。老父谁做问？妻室孤鸳枕。宋中要谋你妻室，浪蝶苦相侵，逼偕秦晋。你妻呵！节操坚贞。

（白）你父逼嫁，你妻不从，前来投水，几为泉下人矣。（唱）

　　救死更生赖吾神。

（白）刘按抚醒来牢记、牢记。神仙若不分明说，误了凡间多少人。（下）

（生唱）

　　一梦初惊，仿佛之中见鬼神。（白）好怪，好怪呀！梦中有一神明，道我高堂年老，妻室青春，宋中要谋我妻子。思想起来，十九准了。（唱）

　　道我高堂当暮景，妻室人谋恳。到此急去，还做甚么官？不必谩沉吟，轩冕浮云，蝉蜕功名。快把归鞭整，富贵岂如骨肉亲？

【尾声】明日一表奏朝廷，敕赐还乡见故人，若得垂怜心喜欢。

（诗）

　　　　　　恩义千斤重，功名一羽轻。

　　　　　　若非天保佑，怎得见故人？

第二十五出　辞朝

（末唱）

【点绛唇】淡月朦胧，疏星犹照天将晓。急步丹墀，恭候圣驾。

【混江龙】御炉香袅，似群仙乍离蓬莱岛。每日里躬随圣驾，整朝笏螭头阶下，侧耳听鸣梢。丹墀影里，仰瞻天表。做不得王宫紫府三公贵，倒做了鹭亭鸳班几凤毛。休焦躁，正是九重阊阖开青锁，万古衣冠拜圣朝。

（白）侍臣待漏五更寒，铁甲将军夜渡关。山寺日高僧未起，算来名利不如闲。下官乃黄门给事是也。今当早朝，恐有奏事官员，只得在此伺候。道犹未了，奏事官早上。

（生唱）

【粉蝶儿】陈情文表，向天庭颏顺倾倒。念微臣出使久劬劳，撇下椿庭难保。顾不得事君事亲一般孝道，略尽子道情，再来全臣道。

（末白）不寝听金钥，因风想玉珂。明朝有封事，数问夜如何。（生白）文龙只为辞官来此午门，只得跪叩丹墀。（末白）奏事官，静听出笏，上金阶，三舞蹈。

（生唱）

【神杖儿】扬尘舞蹈，特来上表。望高瞳高照，奈家乡万里遥，又兼鸿稀鳞杳。

（末白）有何文表，在此披宣？

（生唱）

【滴溜子】双亲的，年华高耋，文龙的，菽水未调，更兼无兄弟，晨昏将谁靠？妻室年娇。干渎天威，望乞恕饶。

（末白）既有文表，待我转达天庭。按抚且退午门外，尔听玉音来。（生白）黄门去了未回，我那文表想必准了，不免祷告天地。（唱）

今日里文龙拜祷，望圣上垂仁看了。圣上见我那表章呵！必定哀我私情袅袅。黄门为何还不见来？仰望着九重霄。老父呵！恩深难报。妻，若得还乡，永偕到老。（末唱）

金阶上，一通文表。玉间传，九重恩诏。道你心怀忠孝，青史把名标，真果是好。勅使传宣，文龙拜祷。

（白）圣旨已到，跪听宣读。皇帝诏曰：臣职子职，固宜两全；尽忠尽孝，岂容偏废？今文龙伏节虏廷，雅尽忠于荒服，久劳王事，颇旷职于孝亲。就着文龙驰驱还乡，养亲一载，回朝加升。叩阙谢恩。（生白）万岁。（末白）刘大人请了。朝廷赐你衣锦还乡，可喜可贺。（生白）多谢大人鼎力。

（诗）

（生）君王赐我见双亲，快马登程莫暂停。

（末）正是一封天子诏，果然国难见忠臣。

第二十六出　相遇

（生唱）

【菊花新】香车宝马出京畿，一路琼瑶碍马蹄。玉蝶满空飞，正是我愁怀堆积。

（白）旧识山源路未差，也从谷口问桃花。今日柳絮漫空舞，未审何方是我家？来此南阳，驿子官怎的不来迎接？（手下白）驿丞已曾迎接。（生白）为何来迟？（手下白）水旱两路迎接，故此来迟。（生白）起去罢！吩咐打三日过关，尔等俱在驿中安下，勿许骚搅，只用一人跟我到洗马河边探问消息回来。（唱）

【锁南枝】为紫绶，冷斑衣，分别多年鱼雁稀。身在路途里，心怀先已到亲帏。荣枯李，犹未知，先向门庭探是非。

（旦唱）

我夫去，今不回，一对鸳鸯两处飞。公公不肯成人美，逼奴改嫁把纲常废。这节义怎肯亏？甘心愿做黄泉鬼。

（白）前番到此投水，偶遇公公救我性命，说我丈夫还在，不久回来。如今又过了许多时候，并无消息回来。堂上公公施威逼嫁，无奈宋中再婚之策，此身不死，此事终不能免。思想起来，岂惜一死而伤大节？今日到洗马河边，必须寻个自尽罢了。（唱）

论上善，莫如水，澈底澄清有甚非？奴只怕，将身秽，先向清波好去归。奴今死，实可悲，留得虚名世间题。

（白）远远望见一哨人马来此，不免闪在一傍，待他过去。

（生唱）

家山里，白玉堆，忙拥貂裘迅马驰，平地识高低。寒泉一派如云砌，寻驿吏，寄江梅，特来探取春消息。

（白）来此是洗马河边。昔日与娘子在此分别，今日到此，见此光景，好不伤感人也。正是：梅花岁岁皆相似，人貌年年大不同。（手下白）禀告老爷得知，前面有一妇人，望着河水哭哭啼啼，不知为着怎的？（生白）带车马且退一傍，待我步行向前问他。娘子休走。我看你柳眉锁翠，杏脸退红，唧唧哝哝，万种嗟吁，哭哭啼啼，千般恼恨，所为何事？（唱）

【红罗袄】莫不是，事姑嫜，罪着你，嫌蒸藜？莫不是，为夫君，忘着你，炊废寝？莫不是，为妯娌，争□着，闲是非？莫不是，遭家难，拆鸳鸯，两地里？

（旦白）非也。（生白）既不是可！（唱）

为甚的，泪如九曲黄河溢？恨恹巫山华岳低？你那里，无限愁怀也，闷闷恹恹独自啼。

（旦白）一言难尽。（唱）

奴家事为高堂，强将菽水。婚亲事，结丝萝，敢将名节亏？夫君中道成抛弃，怎奈狂蜂日夜随。椿庭强逼情难已，花烛重婚断不为。因此上窃赋离骚也，甘向黄泉死下归。

（生白）你丈夫高姓大名？（旦白）姓刘名文龙，并无兄弟，只有年老公公。因他上京求名，去了二十一年，并无消息回来，公公逼奴改嫁。如今事出无奈。只得前来投水，黄泉路上寻我丈夫。（生白）呀！原来就是萧氏娘子。贤哉！贤哉！足称贞洁。我今认了，宋中知道，必然逃走，难消节妇之恨。我权把几句言语宽住他回去。娘子，你丈夫就是刘文龙相公？恭喜贺喜。（旦白）有何可喜？（生白）有一人姓刘名文龙，与我同朝做相公，同日登程离帝阙，如今只在路途中。娘子忙将鬓发重梳洗，快把衣妆理旧容，不日夫君来相会，满门喜气受褒封。（旦白）敢怕谎言？（生白）大人君子，那有说谎言之理。（旦白）既如此，客官请上，容奴一拜。（唱）

拜谢恩官，说我儿夫衣锦还。自从他当年别去，望得我两眼将穿。薄情何处流连，使奴玉筋界破残妆面。若转家还，满庭欢悦重相见。

（生唱）

拜告娘行，不必忧愁，且放心宽。你夫君跋涉万水千山，如今只在路途中，骅骝不日嘶乡畔。

（合唱）

定转家还，一家欢会重相见。

（旦白）天将晚，客官请投宿店，妾身告别回家。

（诗）

　　　　　　（生）你夫不日转家门。（旦）多谢恩官说信音。

　　　　　　（生）万种离愁难说尽，（旦）一齐分付与苍冥。

第二十七出　投店

（生唱）

【菩萨蛮】南山未解松枝雪，西山一挂梅梢月。寒雀尽投林，人静始黄昏。前村酒舍引魂断，任渠招问君何去，有归兴，如酒浓。

（白）不觉天色已晚，往旅店之中投宿便了。（末白）店中有人否？（内白）那一个？（末白）有客官投宿。（内白）我这里歇不得。（末白）怎么歇不得？

（丑上唱）

【滚调】我这里荒村野店，全没有荤荤肴馔。一碗无盐豆腐，便是十分席面。夜来又无床簟，仅有一条草荐。起来常到七厘，入到我手一半。客官若是相契，就进方便。倘有半个"虏"字，便是镇江人卖鸡镞——

（末白）甚么鸡镦？莫不是镦鸡？（丑白）镦鸡，镦鸡，休啼，休啼。（生白）好店一宿，贵米一餐，宿一宵罢了。（丑白）如此请进。（生白）此处不便睡寝，店主婆，你站立一傍，我与你闲讲闲讲到天明罢了。（丑白）哎！如今老了，陪客官不及，若足年少时，谩说一个，几个也陪得及。（生白）不要戏谑笑话。（丑白）请向客官高姓大名？（生白）姓卯名金字文呈，本贯人氏，官拜按抚，告老回家，从此经过。（丑白）呀！原来客官是个显官。小婆子有眼不识泰山，多有得罪，望乞恕饶。（生白）你老人家，不计较与你。（丑白）待我去拿酒来。（生白）呀！原来就是吉婆店中，我且不说明，把家中之事探问一番。（丑白）客官。酒到了。（生白）斟上来。你老人家也坐下。

（丑唱）

【高阳台】严寒未解，雪意将终，素蟾初上帘栊。玉杯渌渌，喜与贵人同。匆匆，莫惜今宵酪酊。且开怀，千里相逢。添兽炭，兰膏须继青，话从容。

（生唱）

东风绽破梅红，天生艳质香浓。孤标清梗，岂亲浪蝶游蜂？狂童明朝入利台也，律拟起巫峰。把一个菟丝野萝胡缠，国宪难容。

（白）吉婆，酒不行，收去罢！我问你，此方可有大姓人家？（丑白）近邻有一刘姓人家，世代簪缨，如今比不得往日了。（生白）怎见得？（丑白）昔日有人姓刘名文龙，中了状元，敕赐和番，胡人强婚不从，被胡人杀了，家事因此萧条。（生白）家下有谁？（丑白）有年老公公。（生白）可有妻子？（丑白）娶妻萧氏，三宿就去求名，至今二十一年未回。他父亲年老，欠下宋中三千贯钞，无物可还，如今要将媳妇招与宋中，养他余年。（生白）何人作伐？（丑白）就是小婆子作伐。（生白）那娘子如何？（丑白）那娘子果然铁石心肠，冰霜节操。千不肯，万不肯，今日悬梁，明日投水，只要寻死。如今他公公做主，也由不得他。（生白）天将明，告辞了。（唱）

一宵春信喜相逢，不觉东窗日渐红。忙整雕鞍，直到面堂中。

（诗）（生）

久别亲帏未得归，今朝幸喜展愁眉。

大鹏飞上梧桐树，自有傍人说是非。

第二十八出　团圆

（外唱）

【出坠子】烛影摇红，只因儿媳另从婚。昨夜灯花双结蕊，今朝喜鹊又喧门。有何喜事，预报重重？

（白）自别孩儿音信空，倚门终日泣西风。深闺少妇谁为主？欲赘螟蛉继桃宗。苦！当初只望光门户，谁知死后作孤魂。如今事出无奈，只得依吉婆言语，将媳妇改嫁宋中，承吾宗桃。议定今日成亲，吉婆还不见来。

（丑唱）

【梅子雨】官人万福，员外万福。今朝喜事匆匆，员外缘何又哭？

（外白）吉婆你不知道，当初只望为孩儿完娶，只望他永承宗桃，谁知这样。因此伤悲，不觉泪下。（丑白）员外何必分亲晚？恩深晚更亲。（外白）叫宋儿出来拜堂罢了。

（净唱）

【出坠子】半生谋望，今日方得我称心。何事心中忐忑，四肢惊怖不宁？有何灾祸，荡我精神？

（白）父亲拜揖。（外白）宋儿少礼。叫萧氏出来。（内白）有疾。（丑白）好告员外得知。娘子说身子不爽，叫宋官人替他多拜几拜。（净白）这也说得是。我就替他多拜几拜，等他日里养得身子好，夜上好成亲。

（外唱）

姻缘本是前生定，岂是人间偶合成。儿！当初指望供甘旨，谁想今日靠别人？

（丑唱）

贺员外，喜气满庭。从今后，福非轻。

（生唱）

【忆秦娥】自从那日辞亲去，梦绕亲帏未觉离。今念载，归来方知端的。

（手下白）禀告老爷得知，相公衣锦还乡。（外白）哪相公？（手下白）文龙相公。（外白）呀！我儿还在？如此好也。（生白）送冤到了。（丑白）原来在我店中投宿的就是文龙不成？（生白）自别爹爹念一春，晨昏菽水未能承。今朝衣锦归来日，先拜高堂合发亲。（外白）我儿多年未见，老眼都认不得。（净白）文龙死了多年，怎么又说文龙回米？（生白）说话可是宋中？左右，与我拿下。（外白）我儿，是你老父作主，非怪他一人之罪。（生白）将吉婆也拿下。（丑白）员外可救我一救。（外白）我儿可念当初借钞之情，将宋中、吉婆要宽恕原情，才是道理。（生白）孩儿自有分晓，不劳大人吩咐。（外白）我儿，你把当初分别事情细说我听。（生白）容禀。（唱）

念孩儿十八岁方才娶妻，仅三宿便赴春闱。当初分别，在洗马河边与我三般表记，现在袋囊怎敢欺？相对比，始方知。

（外白）叫媳妇出来认表记。

（旦唱）

闻夫衣锦回，未知真和伪。

（生白）娘子拜揖。（旦白）官人不必妄开言，当初表记有三般。今日特来相比对，那时才敢认夫君。（生白）杨兴，取表记过来。（外白）杨兴老了，都认不得了。（旦白）小玉，拿表记过来。（生白）小玉还在家一样，不差分毫。

（旦唱）

【风入松】夫妻还是旧夫妻，你在何方留恋不肯归？当初道你奇男子，到今日反做负恩百里奚，忘却临行烹优雌。初会面，意如痴。

（生唱）

我岂肯负恩忘庆廖，奈关山万里翅难飞。当初得中状元，就要归故里，谁知差往单于地，搬留十八年来未脱归。今日后，永无违。

（外唱）吾儿气概凌天地，指望你纡青抱紫归，那知你敕使往单于地，撇父抛妻不敢题。兀的不是三般表记，父子相逢怎得知。

（生白）左右，带宋中过来。（唱）

秀才曾读孔圣书，怎不达周公义礼？我与你同窗友谊。

（白）宋中，我与你是朋友，自古道：朋友有通财之好。当初借你三千贯钞，如今还你六千罢了。（唱）

何故起心谋我妻。

（白）幸喜我妻不从，若有差池时，与你怎得开交。手下。（唱）

将他解往官司去，依国法，拟他罪。

（小唱）

【一封书】亲奉圣旨，跋涉程途千万里。念吾兄忠孝美，萧氏嫂，坚节操，数载艰辛人不知。今日里，一旦荣华天下知。

（白）圣旨一到下，跪听宣读。皇帝诏曰：朕惟风俗为教化之基，忠孝实寻伦之本。圣教渐衰，淳风日隐，朕甚悯焉。九延八荒之内，倘有克全忠孝、敦行节义者，深奖赏以封四方。西川按抚刘文龙，前次奉敕单于，不辱君命，羁留塞北，犹言孝思；妻萧氏贞节之操，凛然冰雪，菽水之奉，不倦晨昏。其二人者，朕甚嘉之。俾议亿兆垂范，将来庶顾菟罗箕，荡薰风于舜日；从龙润础，配□□于尧天。文龙晋上柱国光禄大夫，封都亭侯，食禄二千石；妻萧氏封一品夫人；父刘璋教子有功，封为南阳郡侯；母张氏追赠南阳郡夫人。于戏！朕承天命，岂惜爵禄？福赐沐嘉，如期归勉。安奉圣旨。（生白）曩蒙雅爱，共处艰难。今承天赐，进身荣贵。且喜一家团圆，拜谢天地。（唱）

谢天谢地谢我王，谢得恩光四海扬。忠和孝，姓名香，惟愿文明开盛世，年年安乐太和乡。两片菱花重相会，一轮明月大团圆。

（白）远远望见仙郎来也。

（仙郎唱）

彤影飘飘下九天，手执黄旗是神仙。玉皇敕我来宣诏，与我同登驾锦鸾。

（白）萧氏过来。你是桃花洞里仙，思凡罚你到人间。玉皇敕赐来宣你，同我腾云上九天。文龙过来。你家供奉我神仙，我今带你上青天。忠孝两全能有几，与我同登极乐天。刘璋过来。刘璋非仙却是仙，一生福禄寿俱全。教子成名皆赖汝，一同随我上青天。

手抄傩戏本，如图13-3所示。

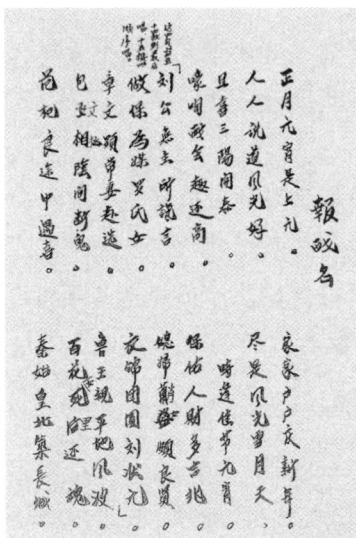

图13-3 手抄傩戏本

● 齐言体戏本以《孟姜女·寻夫记》①为例：

第一出　观榜候差

（生唱）

慵窗苦，枉费心，撞着秦王无道君。听得书生说此话，三丁抽一筑长城。

（白）自小灯窗苦十年，留心雪案览残编。胸襟枉费才无用，世事如今不重贤。我乃读书之辈，及第为先。家住大梁人氏，小生姓范名杞良，兄弟三人，排行占长。昨日出街无事，见一张黄榜上写道：三丁抽一，五丁抽二，起筑万里城墙。不知何人把我的名字申上府去，恐有乡官到来，小子在家等候。

（净唱）

委乡霸，管乡村，三寸羊毫吓杀人。管到大年三十晚，有酒有饭也有金银。

（生白）杞良拜揖。小子今年贱役？（净白）委乡霸，管乡村，如今官差好怕人。三丁抽一，五丁抽二，起筑万里城墙。果然有你的名字申上府去，小子特来相请。

（生唱）

哀告你，可怜见，与你金银钞共钱。别寻一个筑城去，可怜老母也受熬煎。

（净唱）

一不你要钞，二不你要钱，那个人来替你名？那个肯来代你命？人人个个各有双亲。

（生唱）

相容我，别了娘，讨些盘缠离故乡。自小不曾吃辛苦，今朝点我去筑城墙。

（净白）虞舜唐尧乐太平，秦王无道苦黎民。不知祸起萧墙内，空筑烟云万里城。（生白）可怜母子各东西，铁打心肠也泪垂。世上万般哀苦事，无言别了老娘亲。

---

① 选自南山刘傩村社清代抄本（《中国傩戏剧本集成——贵池傩戏》集校版），有删减。

第二出　拿佚丁

（净白）又当甲首又充军，（三槌）两足何曾得住停。（三槌）六月炎天真果热，行人打扇又腰痛。远望高山青碧汉，又闻水响似鸣琴。远望北方燕界地，押些佚子上长城。小子陈放习的便是。管下人佚五十六名，都管得好，只走了范杞梁一名。（唱）

官差我，我不知。何曾别过少年妻？筑起城墙高万丈，人人个个即放回家。

（官唱）

乡官到，你不知，我是乡间做官的。一举首登龙虎榜，十年升到凤凰池。

（生唱）

乡官到，你不知。我是人家读书的。十年窗下无人向，成名一举天下知闻。

（打唱）

乡官到，你不知，我是街坊打拳的。一日打了千千万，一脚踢在石壁罗山。

（旦唱）

乡官到，你不知。我是人家烧锅的。一日煮了三餐饭，饮汤淘饭溜滑流流。

（净唱）

千万汉，休口多，我奉官差莫奈何。筑起城墙都放你，回家夫妇合哩嗹啰。

（白）如今回家休指望，趱行一步休口多。不怕杞良逃在山脚下，两脚腾云赶上他。

第三出　洗澡结配

（旦唱）

身姓许，号孟姜，家住梁县白塔乡。自小娘房学针指，三条大愿自选才郎。

（白）身如杨柳面如花，二八青春实可夸。不愿媒人来作对，如奴三愿未曾差。且到泗州堂内烧香发愿，回家便了。（唱）

移莲步，出娘房，看看来到泗州堂。发下三条并大愿，见奴身体便结

201

成双。

深深拜，拜菩萨，望你神灵保我家。保得奴家成双对，许你妆金并又描花。

（白）且到莲花池内，洗浴一番再做道理。正是日中午，烧香回池所。洗浴向荷花，免得汗如流。（生白）路途奔波不自由，桑林走到万山头。可怜两眼思亲泪，睡到三更枕上流。小子昨日逃走，回家看父母，日宿山林，夜行星月，来到此间正是日中午，大路不敢走，小路不敢行，且在柳树头上躲一躲。

（旦唱）

孟姜女，好春光，眉毛端正面如霜。奴自发下三条愿，见奴身体便结成双。

天又暖，夏难当，思量河水热如汤。脱下罗裙挂柳树，轻移细步便下池塘。

池塘内，水清明，水中有影动奴身。姜女抬头慌忙看，如何不见少年郎。

（白）荷池洗罢香风起，一朵莲花出秋水。云里流璃出莲花，风吹奴眼观身体。天上又无云，地下又无人，缘何水中有一影？举目抬头看，呀！原来柳树头上有一人。（唱）

孟姜女，好恓惶，荷叶遮羞上池塘。便把罗裙围身体，低头况地慢着衣裳。

着衣毕，问郎君，你是何州那县人？若是神仙归天去，凡人下地结配成双。

仔细看，喜非常，杨柳树上有儿郎。嘱咐儿郎忙下树，天教与你共结成双。

（生唱）

身姓范，名杞梁，委官拿我筑城墙。逃走回家看父母，天明躲在柳树中藏。

（旦唱）

回郎话，听奴言，奴家姓许号孟姜。正在泗州堂发愿，见奴身体便结成双。

（生唱）

忙下树，心又慌，低头躬身哀告娘。别寻一个来作配，小生相别即转家乡。

（旦唱）

你不肯，拖到家，吊你厅前向你话。城墙不筑躲在此，送你官府去带长枷。

（生唱）

告娘子，不用焦，好好商量结凤交。就在池边为夫妇，如同今夜实好良宵。

（白）娘子，你把何物为媒？（旦白）我把柳树做为媒。（生白）柳树当年我手栽，今朝烦你做为媒。（旦白）百岁夫妻今日合，一对鸳鸯天上来。

第四出　分别

（净白）过溪过涧过高山，走得麻鞋底也穿。许神许愿许神福，保佑拿到范杞梁。（唱）

官差我，管长城。秦王差我去拿人。不怕拿到三太子，一心拿去也筑城墙。忙忙走，走忙忙，杨婆店内吃茶汤。过路先生占一卦，杞梁逃躲在许家庄。

（生唱）

因逃难，去看亲，不想相逢姜女身。正是好花遭雨打，月当明处又被云遮。

（旦唱）

夫妻事，宿世缘，明镜分开各半边。铁打心肠肠也断，搥①胸顿足叫哭连连。

（生唱）

千嘱咐，你回家，我妻回家看母亲。寒时便把寒衣送，黄昏早晚何奉姑嫜。

（旦唱）

听嘱了，泪盈盈，谁想今朝一旦分。当初指望同到老，我身无主依靠何人？

（白）夫君一去几时回？（生白）今朝独自守罗帏。（旦白）夫妻本是同林鸟，（生白）大限来时各自飞。

第五出 送寒衣

（旦唱）

八月到，雁南飞，杞梁亲自寄书回。书上不写闲言语，望奴九月即送寒衣。

天又冷，苦儿郎，安排纨绢做衣裳。料想无人与奴去，奴家亲自去送寒衣。

衣裳起，办行程，脱下罗裙换布裙。解下花冠并钗子，便为客女初出娘房。

解脚带，别妆台，身带腰包换布鞋。肩上挎了一把伞，不知此去几日回来。

（白）二八佳人草里眠，石头为枕草为毡。一点真心千万里，芳名留与后人传。哀告公公，与奴家一个伴侣，送我到中途路上，多少是好。（内白）儿子，我只养得你小，养不得你老。家下只有个小姑，送你到中途何如？

（小唱）

兄去后，嫂送衣，东舍西邻也泪淋。当初寸步难行动，如今行路更又挑衣。

（旦唱）

行一步，去一程，又过高山天又昏。远望又无人客店，又无一处得安身。

（小唱）

荒郊上，可安身，石头为枕草为毡。一直恓惶人不见，天明依旧又向前行。

（旦唱）

天明了，雪满天，脚小鞋尖行路艰。便把衣裳高扎起，今朝大雪怎过高山。

（小唱）

年又尽，月又残，姑嫂途中受凄寒。富户之家红炭火，世间何事有许多般。

（旦白）姑姑，不觉大年三十晚，来朝又是正月初一，你我何不唱一个消愁解闷过时光。姑姑先唱。（小白）嫂嫂先唱。（旦白）二人同唱何如？（唱）

正月到，贺新年，处处村村鼓乐喧。欢喜拜年齐快乐，只有姑嫂受此熬煎。

（小唱）

元宵节，点花灯，处处村村人看村。过月天川望重九，重九过了社又来临。

（旦唱）

二月到，百花新，春暖花香草又青。姑嫂路途无快乐，盘山过岭实好艰辛。

（小唱）

社又到，燕又飞，来往高梁口衔泥。正是十五花朝节，如今路上实好孤凄。

（旦唱）

三月到，是清明，南北山头纸挂坟。有主之坟白纸挂，坟头哭得实好伤心。

（小唱）

春又尽，杜鹃啼，一声高来一声低。日间听得犹自可，夜间听得分外孤凄。

（旦唱）

四月到，日正常，家家妇女采蚕桑。垄上麦黄已上市，暂时辛苦又暂时闲。

（小唱）

犬又叫，鸡又啼，笋子尖尖穿过篱。日间黄莺声声叫，夜间心下实好孤凄。

（旦唱）

五月到，近端阳，处处人家闹插秧。姑嫂路途无酒吃，农夫田里喜笑洋洋。

（小唱）

龙船上，闹喧天，花绢红旗插纸钱。一年一度只得好，只有姑嫂受尽熬煎。

（旦唱）

六月到，热洋洋，脚小鞋尖痛怎当。身带腰包肩拖伞，谁人知我为着亲夫。

（小唱）

身又热，实难当，路边河水热如汤。空手行路也道热，亏哥挑土去筑城墙。

（旦唱）

七月到，是新秋，织女穿针望斗牛。十五中元人祭祖，日间虽热夜有微凉。

（小唱）

新稻熟，夜间凉，家家裁剪做衣裳。一夜叮当人不住，千思万想坐到天光。

（旦唱）

八月到，是中秋，鸿雁来时寒信头。十五月圆光皎洁，家家吹唱闹上高楼。

（小唱）

行路紧，脚又瘦，寸步难行苦万千。盘山过岭鞋又破，几时方可得到沙场。

（旦唱）

九月到，是重阳，金菊花开一路香。日里行时也不热，夜间寒冷要下浓霜。

（小唱）

朝霜下，衣又单，自古从来行路难。只有女人身体贱，今朝吃苦有许多般。

（旦唱）

十月到，是初冬，黄叶飘飘舞败风。千山万水皆寂寞，只恐天变细雨蒙蒙。

（小唱）

下元到，好凉时，只怕天阴脚踏泥。自古家贫犹自可，路贫真果实实孤凄。

（旦唱）

十一月到，雪花飞，片片飞来沾我衣。八幅罗裙高扎起，免叫鞋溅满身泥。

（小唱）

天又暗，云又迷，雪路不知高共低。路上不见人脚迹，林中不见百鸟来飞。

（旦唱）

十二月到，近年边，处处村村鼓乐喧。儿女团圆齐快乐，杀猪宰羊祀祭祖先。

（小唱）

年又尽，月又残，送嫂前程各自分。铁板桥上无岔路，一条大路便到沙场。

（旦唱）

前面是，铁板桥，不觉看看两下抛。多谢姑姑送我路，这些衣服我人挑。

（小唱）

深深拜，拜嫂嫂，逢人须问路何程。流泪眼观流泪眼，断肠人送我断肠人。

（旦唱）

深深拜，拜姑姑，谢你挑包送我路。寻得你哥回来日，怎敢忘了我好姑姑。

（小唱）

深深拜，拜嫂嫂，件件衣服分晓交。同行同坐经一载，今朝各自两下相抛。

（旦唱）

奴自去，你回家，检点公婆且莫离。妈妈今年八十八，人生七十自古来稀。

肩拖伞，腰带包，每日姑姑替我挑。同坐同行经一载，不想今夜两下相抛。

独自走，行得慢，日落西山天又昏。远望又无人客店，近前都是泗州神堂。

到处有，泗州堂，撮土为炉烧好香。料想今夜无宿处，借你香案暂做眠床。

天明了，别神明，涉水登山吃苦辛。一日行得三十里，不觉红日又坠西沉。

前途去，是何村，白水茫茫一掌平。堪堪来到桥铁板，桥名铁板上冷如冰。

今宵夜，无宿场，不免桥上做眠床。解下衣包为枕席，恓惶无计忽到天光。

第六出　铁板搜检

（丑白）网得皆通铁板桥，东西南北往来遥。把关渡口人难过，偷物瞒关罪不饶。夜来桥上有一宿客失了东西货物，想是你这婆娘偷了去，你那衣包拿来检看检看。

（旦唱）

深深拜，拜官人，听取奴家说苦情。衣包之内无别物，为夫亲自特送寒衣。

（丑白）娘子，想是为亲夫送寒衣，必然有些孝意，我把衣包还了你。还有一件说与你知，前面有个六罗山，聚起一万大胆强人，你可放小心前去。

（旦唱）

深深拜，拜官人，胜做炉中烧好香。谢得官人来说破，黄沙盖脸誓不忘恩。

（丑白）娘子，你放心前去。

（旦唱）

才过了，铁板桥，前途一坐好惊人。一座青山高万丈，又有松柏亦似蛇形。

天又暗，趱行程，乌鸦头上打成群。吓得奴家心中怕，锣声响处必有强人。

第七出　过六罗山逢叔

（净白）老虎村来老虎村，老虎村中出强人。但有妖物吾门过，三刀两断不留情。聚起喽啰千万汉，落草山中结寨营。我今打劫为生计，杀人贪钞度日程。你这婆娘生得妖精鬼怪，拿来做一个压寨的夫人。

（旦唱）

深深拜，拜强人，奴家姓许号孟姜。嫁与丈夫身姓范，三丁抽一去筑城墙。

（净白）丈夫名谁？（旦白）丈夫名唤范杞良，只为天寒无衣着，奴家亲自送寒衣。（净白）你是那里人氏？（旦白）家住滑州婆梁县，白塔乡人氏。（净白）你是那个范家？（旦白）奴是三十六里范家。（净白）你在那头居住？（旦白）奴在上头居住。（净白）不要调谎，如若调谎，我请你这一刀、这一挑。（唱）

听说罢，泪纷纷，杞梁原是我家兄。结拜兄弟同坐学，十年前别就到如今。

（旦唱）

深深拜，拜叔权，不想今日遇亲人。把你哥哥抛了去，挑泥运土实好伤心。

（净唱）

鞠躬拜，拜嫂嫂，如今路逢休怪了。宽心寨中住几日，金银相送自着人挑。

（白）嫂嫂向前。（旦白）叔叔向前。（净白）此间不要怕得，寨中俱是我所管。（旦白）好怕人来好怕人！山如石壁路艰登，崎岖岭上插红旗，鹿角人头平地滚。那向阳之地是何物？（净白）那晒干的人肉，都是我下饭小菜。岭上深坑，滴血为池。六罗山上，无数好汉千千万。（旦白）不想遇着两个强人，二人名唤崔擒龙、崔擒虎。（净白）那二人也是杞梁结拜兄弟。（旦白）若不是奴家亲叔权，奴家性命也难逃。（净白）那是我惊吓了嫂嫂。告嫂嫂，再住几日。（旦白）告极权，不住了。（净白）想必嫂嫂兄劣叔叔这般模样，想则不肯住了。不知嫂嫂可有盘费？（旦白）我已离家三年六个月，盘费用完。（净白）我这里有黄金三十六两，与嫂嫂做路费。

（旦唱）

深深拜，拜叔权，谢你黄金共白银。寻得你哥回来日，衔环相报决不忘恩。

（净唱）

鞠躬拜，拜嫂嫂，劝你途中休烦恼。再在寨中住几日，金银相送自着人挑。

（白）叫小喽啰，送嫂嫂过六罗山。寻得我哥回来日，千万寨中走一遭。休怪了，休怪了。

（旦唱）

辞了叔，向前行，今朝离了六罗山。前面又是池塘镇，两边都是绝好街坊。

……

第九出　扶扬镇搜检渡湘江

（官白）务官拦路做几年，课钱无办便典田。有人瞒得扶扬镇，拿来吊在务门前。你这妇人哪里去的？拿衣包来搜检我看。

（旦唱）

深深拜，拜官人，听着奴家说苦因。衣包尽是寒衣服，为夫亲自送至沙场。

（官白）这妇人为夫亲自送寒衣，必然有些孝意，我把衣包还了你。说与你知，前面就是湘江渡口，此时风狂浪大，渡口有舡，放小心过去。

（旦唱）

深深拜，拜官人，谢你好心指渡江。有缘千里来相会，无缘对面不得相逢。

（官白）我今但说心中话，放你街前上路行。

（旦唱）

市镇过，到湘江，一望湘江水渺茫。云浪滔天如山倒，如何说法过得湘江。

离了务，到湘江，万丈风波水下慌。渡口讨舡无觅处，望天保佑我过湘江。

（白）来到相江，渡舡全无，不免祷告天地、水府龙神，惟愿风平浪静，早过湘江。不免回去求老爷便了。告相公，念奴家为夫送寒衣，来到此间，并无渡船，如之奈何？（官白）你且站定那傍，有一只渔舡来了。

（舡唱）

江儿水，水连天，两岸依依柳带烟。撑舡一夜眠不得，却如江上懒对愁眠。

【舡歌】

河里撑舡河里眠，麻麻耶唔唠唠唔耶。风吹荷叶盖郎船，麻麻耶唔唠唠唔耶。

竹篙插在江心里，麻麻耶唔唠唠唔耶。一夜贪花不得眠，麻麻耶唔唠唠唔耶。

河里人来河里人，麻麻耶唔唠唠唔耶。荷叶包茶去看亲，麻麻耶唔唠唠唔耶。

一包包了个苦莲子，麻麻耶唔唠唠唔耶。二包包了个四角茭，麻麻耶唔唠唠唔耶。

山歌好唱难开口，麻麻耶唔唠唠唔耶。鲜鱼好吃网难开，麻麻耶唔唠唠唔耶。

白米好吃田难种，麻麻耶唔唠唠唔耶。杨桃好吃树难栽，麻麻耶唔唠唠唔耶。

（家长白）妈妈，你把催艄橹驾起来。新年新岁，待我来开开网。好，打一个鲢子。（老旦白）又道：连生贵子。（家长白）待我再打一网。好，又打了一条鲤鱼。（老旦白）又道：鲤鱼跳龙门。（官白）叫里长。（里长白）有。（官白）你前去把那一只渔船叫来见我。（里长白）你那一只船快快拢岸，老爷提你有话说。（家长白）妈妈，你把船检稳了。老爷提我恐怕是要买鱼，待我上岸回他。老爷呼唤，有何事情？（官白）我也不难为你。这里有一妇人，思夫千里送寒衣，带他过湘江。（家长白）禀老爷，小的是个渔船。（官白）两边风浪起，稳坐钓鱼船。（家长白）小娘子，上跳来，不是要，我与你一个扶手。

（旦唱）

深深拜，拜艄公，一副金簪当手工。稳坐船中休妄动，扯起蓬桅跑起顺风。

（白）敢问家长高姓尊名？（家长白）小子姓梅名林正。

（旦唱）

梅林正，好风光，多打鲜鱼烧辣汤。满满盛来艄公吃，艄公吃了便好撑船。

风又起，浪又颠，颠来颠去坐不安。前舱后舱俱有水，看看淹到那个傍边。

（家长唱）

不要慌，不要忙，好事今朝过湘江。有风便把篷来扯，无风便把二橹来摇。

（旦唱）

船头上，细思量，思量家中爹和娘。这般思量家家有，几时方可得到沙场。

（家长白）且喜娘子，船已到岸，请上岸去。（旦白）多谢家长送我过湘江。（家长白）仍得来帮一下，待我把船拖上岸来。来，来，挺一把，拖船哩。

（旦唱）

过了渡，离了江，但愿风平浪静沉。自古高山无人过，隔河渡水实也难逢。

过了渡，别江山，枯木凋零几万春。高山峻岭难行走，焊缝凛冽实好伤心。

一程去，过山林，只见猛虎在路行。但愿神明来感应，手持宝剑大显威灵。

第十出　孟姜遇虎

（净白）行善之人当救护，行恶之人遇鬼磨。猛虎张牙威势烈，伏头不动半毫分。

（旦唱）

深深拜，拜神仙，猛虎拦路好惊人。与你金钱三五贯，替奴赶虎速入山林。

心正怕，遇山神，手执钢刀不作声。猛虎伍头神灵显，听道山兽切莫伤人。

（净白）娘子，谢你钱财并纸马，我今赶虎入山林。

（旦唱）

这畜生，吓杀人，高叫三声胆自惊。猛虎伍头身不动，藏牙伏爪便自回身。

……

第十四出　寻夫记团圆

（净唱）

秦王令，苦生灵，遮了天边日月星。果然城墙高万丈，这般模样也好惊人。

（白）秦王无道君，空筑万里城。陈放刁，许久怎么不见名字点上来？

（净唱）

陈氏当，大甲头，掌起威权侠便愁。世人莫作寻常看，官差奉此怕不自由。

（白）这几日怎么不将民侠点看？（侠丁白）告相公，下了半月雨雪，因此迟误，望相公恕罪。（净白）众侠丁，都听我号令。一名林申。（侠丁白）有。（净白）二名林秀。（侠丁白）有。（净白）三名杞梁。（侠丁白）不见。（净白）四名点续，五名六名都在此，只少范杞梁一名。陈放习，听我吩咐：在里不许出，在外不许进，挑泥只管挑泥，运土只管运土，不许乱动，如有此等，拿来重责。（净白）一一领命。众侠丁听着，元帅吩咐下来，挑泥只管挑泥，运土只管运土，不许乱动，如有此等，拿来重责。（侠丁白）我们人多，人心不齐，大家不免唱一个杵墙歌，也好消愁解闷。（净白）众侠丁出题。（侠丁白）还是元帅出题。（净白）唱一个春夏秋冬四季罢了。（侠丁白）大家合来。

（众唱）

春来燕，望梁飞，人人都唱杵歌声。筑起城墙高万丈，遮了天边日月星辰。

秦王见，心喜欢，挑泥运土苦辛勤。堂上别了爹和母，房中又抛下少年妻。

（净白）筑起城墙都放你回家，夫妇合唱哩嗹啰。

（众唱）

夏日里，荷花开，谁人替我挑土来？堪堪又是天气热，只怕天热谁肯挑来。

君王令，可怜见，如今暂放一时间。筑起城墙高万丈，遮了天上日月三光。

（旦唱）

深深拜，拜将军，腰里无钱手里贫。只因丈夫无衣着，奴家亲自特送寒衣。

（净白）这婆娘，你丈夫谁？（旦白）是范杞梁。（净白）各人自扫门前雪，休管他人瓦上霜。（旦白）上山擒虎易，开口告人难。（净白）者婆娘在此乱说，可怕将军的号令？我且问你，你丈夫姓甚名谁？（旦白）姓范名杞梁。（净白）旧年逃去，拿来打死了。也罢，你今到元帅府中，龙须席、象牙床、鸳鸯枕，同欢同乐，岂不美哉？

（旦唱）

深深拜，拜将军，一路奔波实苦辛。宁可将军刀下死，怎肯将身去做夫人。

（净白）既然如此，寻你丈夫去罢！众伕丁，被者妇人打断歌声，还有秋冬二季未唱。

（众唱）

秋风起，白霜飞，黄菊东篱正盛时。盛时菊花香几日，几人吃酒又几人愁。

（白）我们五酒吃，终日受孤凄。（唱）

冬风冷，雪花飞，人伕个个备絮衣。来年又是天气热，如今天气正是寒时。

（白）君王可怜见，放我一时间，杞梁寻不着，又来姜女送寒衣。个个别父母，人人都抛少年妻。

（旦唱）

来到此，见城墙，挑土运泥万人忙。供问甲头不肯说，如何独不见范杞良。

千思量，范郎身，果然神明不误人。哭得金星来显圣，神差鬼使拆倒长城。

墙已倒，骨难分，不知谁是我夫君。吓得奴家无计策，许多骸骨实好伤心。

乌鸦叫，两三声，想是神明显威灵。低头寻骨他又叫，抬头向我又上先行。

乌鸦去，我后跟，原来这里骨满坑。不免咬指来滴血，血交骨就是我夫君。

血已就，骨拣清，收拾包袱转回程。感得皇天来庇佑，方能得骨还转家门。

心思想，老爹娘，康健无恙坐高堂。芳名耿耿留后代，名香一炷敬谢穹苍。

情已极，孝已全，夫妇之情是前缘。编成一本寻夫记，平安吉庆是大团圆。

池州傩戏的题材与内容汇聚了中国古代历史人物与小说、神话与传说、民间说唱故事、戏曲表演技艺等多种文化艺术要素，形式多样、内涵丰富，蕴含着中华民族源远流长的民族精神和博大精深的文化底蕴。

主要参考文献

［1］王崇. 池州府志［M］. 上海：上海古籍出版社，1962.

［2］郎遂. 四库全书存目丛书·史部·杏花村志［M］. 济南：齐鲁书社，1997.

［3］吕诚之. 中国宗族制度小史［M］. 上海：中山书局，1814.

［4］王国维. 宋元戏曲史［M］. 上海：上海古籍出版社，1998.

［5］王恒富. 傩·傩戏·傩文化［M］. 北京：文化艺术出版社，1989.

［6］九华山志编纂委员会. 九华山志［M］. 合肥：黄山书社，1990.

［7］许烺光. 宗族·种姓·俱乐部［M］. 北京：华夏出版社，1990.

［8］陈跃红，徐新建，钱荫榆. 中国傩文化［M］. 北京：新华出版社，1991.

［9］余秋雨. 文化苦旅［M］. 上海：知识出版社，1992.

［10］池州地区地方志编纂委员会. 池州地区志［M］. 北京：方志出版社，1996.

［11］吕光群. 中国·安徽贵池傩文化艺术［M］. 合肥：安徽美术出版社，1998.

［12］曲六乙，钱茀. 东方傩文化概论［M］. 太原：山西教育出版社，2006.

［13］张庚，郭汉城. 中国戏曲通史［M］. 北京：中国戏剧出版社，2007.

［14］王兆乾，吕光群. 中国傩文化［M］. 汕头：汕头大学出版社，2007.

［15］尚刚. 中国工艺美术史新编［M］. 北京：高等教育出版社，2007.

［16］方兆本. 安徽文史资料全书·池州卷［M］. 合肥：安徽人民出版社，2008.

［17］董楚平. 楚辞译注［M］. 上海：上海古籍出版社，2012.

［18］［梁］宗懔 撰，［隋］杜公瞻 注. 荆楚歲時記［M］. 姜彦稚 辑校，北京：中华书局，2018.

后　记

　　文化遗存是文化现象的象征物，是文化环境的重要组成部分。正如习近平总书记指出，文化是城市的灵魂。城市历史文化遗存是前人智慧的积淀，是城市内涵、品质、特色的重要标志。要妥善处理好保护和发展的关系，注重延续城市历史文脉，像对待"老人"一样尊重和善待城市中的老建筑，保留城市历史文化记忆，让人们记得住历史、记得住乡愁，坚定文化自信，增强家国情怀。

　　池州地区独特的地理与人文条件直接影响了池州地方文化的形成与发展，而池州地方文化的内在精神又决定了池州地区各类民间文化艺术的思想内容与表现形式，及其与世代生活在这里的人们的关系，衍生成了他们独特的风俗习惯、性格气质和精神风貌。

　　文化环境是文化活动的物质源泉，文化遗存是文化活动的具象载体。池州傩是中国历史学、文学、哲学、人类学、民俗学等的文化综合体，蕴藏着丰富的中华民族文化基因，而池州傩器即是这基因的符号。池州傩的保护、传承与发展，既应保护池州傩的精神基础和文化内涵，也应保护承载其精神基础和文化内涵的物质或非物质的表现形式，更应保护孕育其生长与发展的人文环境和自然环境。

檀雨桐

2022年10月于池州学院